LES SOURCES MÉDIÉVALES
DE LA
PHILOSOPHIE
DE
LOCKE

LES SOURCES MÉDIÉVALES

DE LA

PHILOSOPHIE

DE

LOCKE

PAR

ÉDOUARD KRAKOWSKI

Docteur de l'Université de Paris

PARIS
JOUVE & CIE, ÉDITEURS
15, RUE RACINE, VIe

—

1915

BIBLIOGRAPHIE

Aristote. — Traité de l'Ame, trad. par Barthélemy Saint-Hilaire. Paris, 1846, in-8°.
Brochard (V.). — Études de Philosophie ancienne et de Philosophie moderne. Paris, 1912, in-8°.
— Les Sceptiques grecs. Paris, 1887, in-8°.
Birsch (Thomas). — Résumé de la vie et des écrits de R. Cudworth — en tête de son édition de « l'Intellectual System ». Londres, 1743, in-4°.
Bouiller (Fr.). — Histoire de la Philosophie cartésienne, 3ᵉ éd. Paris, 1868, 2 vol. in-8°.
Bourquart. — La Théorie de la connaissance d'après Saint Thomas d'Aquin. Paris, 1877, in-8°.
Bayle (Pierre). — Dictionnaire historique et critique, revu et augmenté par Des Maizeaux. Amsterdam et Lleyde, 1740, 4 vol. in-fol.
Bastide (Ch.). — John Locke, ses théories politiques et leur influence en Angleterre. Paris, 1906, in-8°.
Carle. — Histoire de la vie et des ouvrages de Saint Thomas. Paris, 1846, in-fol.
Combes. — Psychologie de Saint Thomas. Montpellier, 1860, in-8°.
Cacheux (l'abbé.). — Philosophie de Saint Thomas. Paris, 1858, in-8°.
Collins. — Essai sur la nature et la destination de l'âme humaine. Londres, 1769, in-12.

Campbell Fraser. — Life of John Locke. London, 1890, in-8°.
Chevalier (Ulysse). — Répertoire des sources historiques du moyen-âge. Bio-bibliographie. Paris, 1877-1888, 2 vol. gr. in-8°.
Diogène Laërte. — Vies et doctrines des philosophes de l'antiquité suivies de la vie de Plotin par Porphyre. Paris. 1847, 2 vol. in-12.
Ermoni (V) — Saint Jean Damascène. Paris, 1904. in-12.
Fox Bourne (H.-R.). — The Life of John Locke. London, 1876, 2 vol. in-8°.
Ferraz. — De la Psychologie de Saint Augustin. Paris, 1869, in 8°.
Franck (Ad.). — Dictionnaire des Sciences philosophiques. Paris, 1885, in-8° gr. (troisième tirage).
Falckenberg (R.). — Geschichte der neueren Philosophie. Leipzig, 1886, in-8° (Locke).
Hauréau (B.). — Histoire de la Philosophie scolastique. Paris, 1880, 3 vol. in-8°, 2° éd.
Hœffding. — Histoire de la Philosophie moderne. Paris, 1906, 2 vol. in-8°.
Hertling (Geo) — John Locke und die Schule von Cambridge. Freiburg, 1892, in-8°.
Hartenstein (G.). — Locke's Lehre von der menschlichen Erkenntnis in Vergleichung mit Leibniz's Kritik. Leipzig, 1861, in-8°.
Janet et *Séailles*. — Histoire de la Philosophie, les problèmes et les écoles, Paris, 1887, in-8°.
Janet (Paul). — L'Histoire de la Science politique dans ses rapports avec la morale. Paris, 1913, 4° édition, 2 vol. in-8°.
— Un article dans la Revue des Deux-Mondes en 1875 sur la philosophie de Locke.
Jourdain (Ch.) — La Philosophie de Saint Thomas d'Aquin. Paris, 1858, 2 vol. in-8°.
King (Lord). — The Life of John Locke, with extracts from his Correspondence, Journals and Common-place Books. London. 1829, in-4°, 2° éd. Lon. 1830, 2 vol. in-8°.
Le Clerc (J.). — Éloge de Locke dans la Bibl. choisie, vol. 6. Amsterdam, 1705, in-12.

Lafaist (Benjamin). — Dissertation sur la théorie atomistique. Paris, 1833, in-8°.

Leclère (Albert). — La Philosophie grecque avant Socrate. Paris, 1908, in-16.

Laboulaye (Ed.). — Locke, législateur de la Caroline. Batignolles, 1850, in-8°.

Lichtenberger (F.). — Encyclopédie des Sciences religieuses. Paris, 1877, in-8° gr. en 12 vol.

Luguet (H). — Vie de Jean de la Rochelle en tête de son Essai sur le Traité de l'Ame. Paris, 1875, in-8°.

Lyon (G). — Enseignement et Religion. Paris, 1907, in-8°.

Marion (Henri). — J. Locke, sa vie et son œuvre. Paris, 1878, in-12

Masbam (Lady). — Discours sur l'amour divin traduit en français par Coste. Amsterdam, 1705, in-12.

Mabilleau (Léopold). — Histoire de la Philosophie atomistique. Paris, 1895, in-8° gr.

Mignon (A). — Les Origines de la scolastique et Hugues de Saint-Victor. 1875, 2 vol. in-8°.

Nourrisson. — Tableau des progrès de l'esprit humain depuis Thalés jusqu'à Leibnitz. Paris, 1858 et 1860, in-8°.

Ollion (H). — Lettres inédites de John Locke. La Haye, 1912, in-8°.

Picavet (Fr). — Esquisse d'une Histoire générale et comparée des philosophies médiévales. Paris, 2° édition, 1907, in-8° gr.

— Essais sur l'Histoire générale et comparée des théologies et des philosophies médiévales. Paris, 1913, in-8° gr.

— Abélard et Alexandre de Halès créateurs de la méthode scolastique. Paris, 1896, in-8°.

— Roscelin philosophe et théologien, d'après la légende et d'après l'histoire. Paris, 1896, in-8°.

— Les Discussions sur la liberté au temps de Gottschalk, de Raban Maur, d'Hincmar et de Jean Scot. Paris, 1896, in-8°.

Platon. — Théétète, trad. par Victor Cousin. Paris, 1833, in-8°.

— Timée, trad. par Victor Cousin. Paris, 1833, in-8°.

Plotin. — Les Ennéades, trad. en français par M. Bouillet. Paris, 1857, 3 vol., in-8°.

Prat (F.). — Origène, le théologien et l'exégète. Paris, 1907, in-12.

Pluzanski (E.). — Essai sur la Philosophie de Duns Scot. Paris, 1888, in-8°.

Paley (Will.). — Principes de Philosophie morale et politique, trad. en français par J.-L. Vincent. Nîmes, 1817, 2 vol. in-8°.

Renouvier. — Manuel de la Philosophie ancienne. Paris, 1844. in-12.

— Manuel de la Philosophie moderne. Paris, 1842, in-12.

Remusat (Ch. de). — Histoire de la Philosophie en Angleterre depuis Bacon jusqu'à Locke. Paris, 1875, 2 vol. in-8°.

Ritter. — Histoire de la Philosophie ancienne. Paris, 1835-1837, 4 vol. in-8°.

— Histoire de la Philosophie chrétienne. Paris, 1843, 2 vol. in-8°.

— Histoire de la Philosophie moderne. Paris, 1861, 3 vol. in-8°.

Robert (E. de). — L'Ancienne et la nouvelle Philosophie. Paris, 1887, in-8°.

Rousselot. — Études sur la Philosophie dans le moyen âge. Paris, 1842, 3 vol. in-8°.

Sabatier. — L'Apôtre Paul. Esquisse d'une histoire de sa pensée. Strasbourg, 1870, in-8°.

Scholten. — Histoire comparée de la philosophie et de la religion. Trad. en franç. sur la 2e éd. par Reville. Paris et Strasbourg, 1861, in-8°.

Simon (Jules). — Histoire de l'École d'Alexandrie. Paris, 1845, 2 vol. in-8°.

Stœckl. — Geschichte der Philosophie des Mittelalters. Mainz, 1865, 2 vol. in-8°.

Tabaraud. — Histoire du philosophisme anglais. Paris, 1806, 2 vol. in-8°.

Taine (H.). — Histoire de la littérature anglaise. Paris, 2e éd., 1886, en 3 vol. (V. sur Locke, liv. III, chap. III, p. 310).

Taillandier (Saint-René) — Scot Érigène et la philosophie scolastique. Strasbourg, 1843, in-8°.

Touron (A.). — Vie de Saint Thomas, avec un exposé de sa doctrine et de ses ouvrages. Paris, 1731, in-4°.

Voltaire. — Dictionnaire philosophique. Paris, 1792, 10 vol. in-12.

— Lettre sur Locke (Mémoires), éd. Garnier (Œuvres complètes. Paris, 1878-1885, vol. LII).

Waddington. — Ramus (Pierre de Ramée), ses écrits et ses opinions. Paris, 1855, in-8°.

Wats (Isaac). — Culture de l'esprit. Trad. en franç. par Superville. Amsterdam et Paris, 1762, in-12.

Weber (A.). — Histoire de la philosophie moderne. Paris, 1892, in-8°, 5° édit.

Windelband (W.). — Die Geschichte der Philosophie. Freiburg, 1890, in 8°. Locke. p. 237-258.

Zeller (Edouard). — La Philosophie des Grecs considérée dans son développement historique. Trad. par Emile Boutroux. Paris, 1877, 3 vol.

— Die Philosophie der Griechen in ihrer geschichtlichen Entwicklung dargestellt. Leipzig, 1879 à 1892, 3° à 5° édit. in-8°.

N.-B. — M. Fr. Picavet, dans son cours de Philosophie médiévale à la Sorbonne (1914-1915) et dans ses conférences à l'Ecole pratique des Hautes-Etudes (sect. des Sciences religieuses, année 1913-1914), a donné sur les rapports de Locke avec les philosophies et les théologies antérieures des indications qui nous ont été notre aide principale.

AVANT-PROPOS

Nous nous proposons pour but dans ce travail, d'exposer les sources médiévales de la philosophie de Locke.

Locke avait en effet étudié d'une manière assez approfondie certains philosophes du moyen âge et les doctrines que ses successeurs ont cru conçues exclusivement par lui-même lui étaient souvent venues de ses devanciers.

Les doctrines médiévales sur les questions théologiques et philosophiques ont été parsemées par Locke au hasard de la plume dans toutes ses œuvres. Aussi nous arrivera-t-il plus d'une fois de faire de longues recherches sans rien trouver à glaner.

Notre tâche sera donc aride. Quoi qu'il en soit, nous nous efforcerons de donner un exposé aussi judicieux, clair et complet que possible des sources médiévales de la philosophie de Locke.

Au début de cet ouvrage qu'il nous soit permis de remercier du fond de notre cœur tous ceux qui nous ont soutenu et encouragé pendant le cours de nos études et surtout M. le professeur François Picavet.

CHAPITRE PREMIER

Analyse des œuvres de Locke considérées dans l'ordre chronologique.

Analyse des œuvres de Locke : *Infaillibilis Scripturæ non necessarius.* — *Sacerdos.* — *Essai sur la tolérance.* — *Constitution fondamentale de la colonie.* — Traduction des *Essais* de Nicole. — *Lettre sur la tolérance.* — *Essai sur le gouvernement civil.* — *Essai sur l'entendement humain.* — *Quelques considérations sur la valeur des monnaies.* — *De l'éducation des enfants.* — *Éléments de Philosophie naturelle.* — *Le Christianisme raisonnable.* — *Examen de l'opinion du P. Malebranche.* — *Remarques sur quelques parties des ouvrages de M. Norris.* — *Conduite de l'esprit dans la recherche de la vérité.* — *Questions bibliographiques sur les œuvres de Locke.* — Les objections de Stillingfleet et d'autres théologiens. — *Nouveaux Essais* de Leibnitz. — La défense de Locke contre ses adversaires, par Catherina Cockburn.

L'Ordre chronologique des œuvres de Locke.

Nous nous proposons au début de cet ouvrage de dresser un catalogue des œuvres de Locke, dans l'ordre chronologique de leur composition. Nous avons utilisé pour ce travail les études sur la vie et l'œuvre de Locke par Fox Bourne, lord King, Campbell Fraser et H. Marion. Voici les résultats auxquels nous sommes arrivés :

1° *Whether the civil magistrate may impose the use*

of indifferent things in reference to religions worship (1660) ;

2° *Reflections upon the Roman commonweath* (1660) ;

3° *Infaillibilis Scripturæ interpres non necessarius* (1661). *Error. Traditio « Sacerdos »* ;

4° *Respirationis usus. Anatomica.* — *Tussis* (1668) ;

5° *Essay concerning the Toleration* (1669) ;

6° *Thus I think. Virtute and Vice* (1669);

7° *De arte medica* (1669) ;

8° *The fundamental constitution of Carolina* (1669) ;

9° *De intellectu humano* (1671) ;

10° Traduction des œuvres de Nicole, *Essai* (1672) ;

11° *Notes et esquisses de journal de Locke et Misc. Papers* (1675-1679);

12° *Observation's upon the growth and culture of vines and olives, etc...* (1679) ;

13° *A defence de Nonconformity* (1682);

14° *Extracts of Sydenham's Physic. Books (Anecdota Sydenhamiana)* 1684) ;

15° Étude de J. Leclerc. *Bibliothèque universelle, au-dessous. Méthode nouvelle de dresser des recueils* (1686).

16° Extraits des *Essay* (1687-1688) ;

17° *Epistola tolerentia* (1690).

18° *Two treatises of government* (1690) ;

19° *An essay concerning human Understanding* (1690).

20° *Deuxième lettre sur la tolérance* (1690) ;

21° *Somme consideration of « Money »* (1690-1692) ;

22° *Somme thoughst concerning education* (1693);

23° *Elements of natural philosophy* (1694) ;

24° *Arguments for liberty of the press* (1695);

25° *The Reasonableness of Christianity* (1695) ;

26° *A vindication of the Reasonableness* (1695) ;

27° *Remarks upon some of Mr. Norris books* (1695) ;

28° *An examination of Malebranche's opinion* (1695) ;

29° *Old england's legal constitution* (1695) ;

30° *Projet pour le conseil de commerce (l'industrie toilière ou linière d'Irlande)* (1697) ;

31° *A letter to the Bishop of Worcester* (1697) ;

32° *Repley to the Bishop of Worcester Answer* (1697) ;

33° *Of the conduct of the understanding* (1697) ;

34° *Repley to the Bishop of Worcester second Answer* (1699) ;

35° *An essay on miracle's* (1703) ;

36° *Les Commentaires sur les épîtres de Saint Paul* (1703) ;

Indépendamment de son chef-d'œuvre — *Essai sur l'entendement humain*, Locke a donc laissé les divers écrits dont nous venons d'énumérer les titres. Reprenons en maintenant la liste, en nous proposant d'indiquer sommairement l'objet et les principaux caractères de chaque ouvrage :

1° *Le magistrat civil peut-il imposer l'usage de l'indifférence dans le rapport avec les occupations religieuses ?* (1660).

A propos de cet écrit et du suivant les renseignements nous manquent.

2° *Réflexion sur la République romaine* (1660).

Locke expose dans une dissertation latine (1) intitulée

---

1. *Shaftesbury Papers*, VIII, n° 30. — Fox Bourne, t. I, p. 161.

Infaillibilis Scripturæ non necessarius, son principe : que la Bible seule, grâce aux lumières du fidèle, suffit au salut. — Dieu, dit-il, du haut du Sinaï, le Christ du haut de la montagne des Oliviers, se sont adressés directement aux hommes. Pour comprendre la loi, le sermon sur la montagne, il n'est pas nécessaire de consulter un docteur, un commentateur de l'Écriture. Loin d'éclairer le sens de la Parole divine, leurs gloses sont un rideau qui en rend la clarté douteuse aux yeux des hommes (1).

Locke dans un court fragment intitulé *Sacerdos*, examine le rôle du prêtre dans l'antiquité : sa haine d'un clergé politique éclate à chaque ligne : Genève et Rome ont toutes deux perverti la simplicité du Christianisme primitif (2). Les crimes commis au nom de la religion, les persécutions, la tyrannie des princes ont pour auteurs ou pour complices des prêtres. Ils arrivent, dit Locke, à leurs fins par la fausseté et la trahison : « Pour récompenser les princes d'avoir fait leurs vilaines besognes, ils ont, quand les princes ont favorisé leurs desseins, prêché la Monarchie de droit divin.

Mais, malgré le droit divin de la Monarchie, dès qu'un prince a osé rejeter leurs doctrines ou leurs cérémonies, dès qu'il a été moins disposé à exécuter les décrets de la hiérarchie, ils ont été les premiers et les plus empressés à créer des difficultés à son autorité, à exciter des troubles contre son gouvernement (3). »

---

1. Cf. *I. Know no other infaillible guide, but the spirit of God in the Scriptures* (II ad *Vindic. Reason. Christ.*, Wks VII, 357).
2. Lord King, p. 286-291.
3. « To reward princes for their doing their drudgery they have (whenever princes have been serviceable to their ends) been careful to preach up monarchy juredivino of mo. But, notwith standing

L'Essai sur la tolérance fût rédigé en 1666, à la prière de lord Shaftesbury. Dans cet « Essai » Locke se préoccupe de simplifier les conditions d'entrée dans l'Église, c'est-à-dire de la rendre plus « compréhensive ». La rupture définitive faite à la suite de l'Acte d'uniformité de Charles II entre presbytériens et anglicans, avait dû montrer à Shaftesbury l'inutilité d'une tentative de réconciliation. L'attention de Locke se fixe sur le problème plus pratique de la tolérance à accorder aux non conformistes, comme on appelait alors — en les confondant tous sous un même nom, — les Puritains qui n'avaient pas accepté l'Acte d'uniformité. Locke chercha, peut-être sous l'inspiration de Shaftesbury, un fondement politique à la tolérance, et crut le trouver dans l'origine des sociétés.

« Tel parti réclame une tolérance générale, tel autre une obéissance absolue à la même autorité ecclésiastique, sans déterminer les limites ni de la liberté ni de l'autorité. » En définissant les fonctions des magistrats, Locke croit trouver une justification de la tolérance.

« Le mandat, le pouvoir et l'autorité du magistrat lui sont confiés dans le seul dessein d'en faire usage pour le bien, la conservation et la paix des membres de la société qu'il gouverne ; et par conséquent ce dessein est et doit être l'échelle et la mesure auxquelles il doit

the jus divinum of monarchy, when any prince hath dared to dissent from their doctrines or formes, or been less apt to execute the decrees of the hierarchy, they have been the first and forwardest in giving check to his authority, and distrubance to his government. » (King).

ramener et proportionner ses lois, constituer et organiser son gouvernement (1). »

A la fin de son *Essai sur la tolérance,* Locke donne une définition très intéressante des deux sociétés : de la société civile et de la société religieuse ; il explique comment elles se distinguent par leurs fins différentes.

« La fin de la société civile est la paix et la prospérité civiles ou la conservation de la société et de tous ses membres dans la paisible possession des biens de ce monde qui leur appartiennent. La fin de la société religieuse est la conquête d'un bonheur futur dans l'autre monde (2). »

Les lignes précédentes sont de 1666. Nous voyons que vers la même époque Locke est préoccupé de plusieurs questions différentes : « 4° Ce que je pense. » — « La vertu et le vice. »

5° *Respirationis usus. Anatomica. Tussis* (1668) ;

6° *De arte medica* (1669).

Le traité *Constitution fondamentale de la colonie* (3) fut rédigé par Locke dans les circonstances suivantes :

Lord Ashley étant le principal des huit *lords proprietors* à qui le roi avait concédé en 1669 le territoire de la Caroline, a chargé Locke d'en diriger la colonisation, de régler et contrôler les préparatifs matériels (équipement des navires, approvisionnement, recrutements des colons), aussi bien que de rédiger la « Consti-

---

1. Fox Bourne, t. I, p. 174.
2. Lord King, p. 300.
3. *The fondamental Constitution for the government of Carolina,* conservé dans les *Shaftesbury Papers* (série VIII, n° 3) ; le manuscrit est de la main de Locke.

tution fondamentale de la colonie ». Il s'applique surtout à y assurer la liberté religieuse, bien satisfait, que cette occasion s'offrît, de faire passer dans la pratique ses idées sur la tolérance.

7° *De intellectu humano* (1671);

8° Traduction des *Essais* de Nicole (1672). *Les Essais de morale* de Nicole sont un recueil de traités sur les points le plus importants de la morale chrétienne. Le premier volume, publié en 1671, contenait les traités suivants, que Locke a traduits pour Lady Shaftesbury : *de la Faiblesse de l'homme ; — de la Soumission à la volonté de Dieu; — du Moyen de conserver la paix avec les hommes, et des Jugements téméraires;*

9° *Notes et esquisses du journal de Locke et Misc. Papers* (1675-1679). *Voyage en France ;*

10° *Observations sur la production et la culture des vins et des olives* (1679);

11° La suite des esquisses tirées du journal de Locke (1681-1682) ;

12° *Défense de la non conformité* (1682) ;

13° *Extraits des livres de Physique de Sydenham avec quelques excellentes lettres sur différents sujets* (1684). Ce manuscrit se trouve à la bibliothèque Bodleïenne, publié en 1895 sous ce titre : *Anecdota Sydenhamiana;*

14° *Méthode nouvelle pour dresser des recueils* (1686). Cette méthode fut publiée sous forme de lettre, de M. John Locke à M. Nicolas Toynard.

En 1689, Locke revient de nouveau à ses considérations sur la tolérance.

K.

15° *Epistola de tolerentia* (1). Cette lettre fut adressée par Locke à Philippe van Limborch, théologien hollandais de la communion des remontrants, c'est-à-dire des partisans de la doctrine d'Arminius, proscrite au synode de Dordrecht. — Voici quel était son titre complet : *Epistola de tolerentia ad clarissimum virum T. A. R. P. O. L. A., scripta a P. A. P. O. J. L. A.* C'est-à-dire *theologiæ apud remonstrantes professorem, tyrranidis osorem, Limburgum Amstelodamensem, scripta a pacis amico, persecutionis osore Johanne Lockio, Anglo.*

Écrite par l'ami d'un proscrit au partisan d'une doctrine proscrite, cette lettre était, comme on l'a dit, le manifeste de la minorité persécutée. — Voici, quelques uns des principes fondamentaux qu'elle contient. « Qu'il n'y a personne qui puisse croire que ce soit par charité, amour et bienveillance qu'un homme fasse expirer au milieu des tourments son semblable, dont il souhaite ardemment le salut. — Que si les infidèles devaient être convertis par la force, il était beaucoup plus facile à Jésus-Christ d'en venir à bout avec les légions célestes qu'à aucun fils de l'Église, avec tous ses dragons. — Que la tolérance en faveur de ceux qui diffèrent des autres en matière de religion est si conforme à l'Évangile de Jésus-Christ et au sens commun de tous les hommes, qu'on peut regarder comme chose

---

1. Cette lettre fut publiée en 1689, et peu de temps après traduite en hollandais et en anglais ; en 1710, elle fut traduite en français et imprimée à Rotterdam.

monstrueuse qu'il y ait des gens assez aveugles pour n'en voir pas la nécessité et l'avantage au milieu de toute la lumière qui les environne. — Que Dieu n'a pas commis le soin des âmes au magistrat civil plutôt qu'à toute autre personne, et qu'il ne paraît pas qu'il ait jamais autorisé aucun homme à forcer les autres de recevoir sa religion. — Qu'il n'y a au monde aucun homme, ni aucune Église, ni aucun État, qui ait le droit, sous prétexte de religion, d'envahir les biens d'un autre, ni de le dépouiller de ses avantages temporels. — Que si l'on admet une fois que la religion se doive établir par la force et par les armes, on ouvre la porte au vol, au meurtre et à des animosités éternelles. »

Les principes de tolérance professés en ce livre par Locke s'étendent à toutes les sectes et à tous les hommes, sauf pourtant aux athées : — « Car, dit Locke, ceux qui nient l'existence de Dieu ne doivent pas être tolérés, attendu que les promesses, les contrats, les serments et la bonne foi, qui sont les principaux liens de la société civile, ne sauraient engager un athée à tenir sa parole, et que, si l'on bannit du monde la croyance à une divinité, on ne peut qu'introduire aussitôt le désordre et une confusion générale. »

16° En 1690 parurent « Deux traités sur le gouvernement », attestant que, outre leur but théorique, l'organisation gouvernementale, ils visaient aussi à défendre la Révolution qui avait amené le nouvel état de choses.

17° *Essai sur le gouvernement civil*, in-8°. Londres, 1690. — Plusieurs fois réimprimé, et également traduit en français, cet « Essai » avait été composé par Locke après son retour de Hollande, et la révolution de 1689 qui mit Guillaume d'Orange sur le trône de son beau-père Jacques II.

Ce livre, comme *la Lettre sur la tolérance* et *le Christianisme raisonnable*, est un ouvrage de circonstance. Il a un double objet : l'un relatif à l'époque où il fut écrit ; l'autre plus général, et par conséquent, plus durable. Sous le premier point de vue, le livre de Locke est une réponse aux objections des partisans des Stuart, qui accusaient d'usurpation la dynastie nouvelle. Sous le second, c'est une véritable théorie politique, qui, applicable en tout temps et en tout lieu, consiste à fonder la légitimité sur la sanction donnée par la nation à l'avènement d'une dynastie et à l'établissement d'une constitution (1).

L'Essai sur l'entendement humain (1690) fut composé, ainsi que l'auteur le déclare lui-même dans sa préface, pour sa propre instruction et pour la satifaction de quelques-uns de ses amis : «S'il était à propos de faire ici l'histoire de cet « Essai ». je dirais que cinq ou six de mes amis s'étant assemblés chez moi et venant à discourir sur un point fort différent de celui que je traite en cet ouvrage, se trouvèrent bientôt poussés à bout par les difficultés qui s'élevèrent de différents côtés. Après nous être fatigués quelque temps sans nous trouver en état de résoudre les doutes, qui nous embarrassaient ; il me vint dans l'esprit que nous prenions un mauvais

---

1. *Le Traité de l'éducation des enfants*, de Locke, aurait suggéré à J.-J. Rousseau l'idée et le plan de son *Émile* ; plusieurs propositions contenues dans *la Lettre sur la tolérance* se trouvent reproduites dans un chapitre de Jean-Jacques sur la « Religion civile » ; *l'Essai sur le gouvernement civil* put, à son tour, inspirer à Rousseau le projet et les principales maximes de son *Contrat social*.

chemin, et qu'avant de nous engager dans ces sortes de recherches, il était nécessaire d'examiner notre propre capacité, et de voir quels objets sont à notre portée ou au-dessus de notre compréhension... Il me vint alors quelques pensées indigestes sur cette matière que je n'avais jamais examinée auparavant ; je les jetai sur le papier ; et ces pensées, que j'écrivis à la hâte pour les communiquer à mes amis à notre prochaine entrevue, fournirent la première occasion de ce traité, qui, ayant été commencé par hasard et continué à la sollicitation de ces mêmes personnes, n'a été écrit que par pièces détachées ; car après l'avoir longtemps négligé, je le repris, selon que mon humeur ou l'occasion me le permettaient ; et enfin, pendant une retraite que je fis pour le bien de ma santé, je le mis dans l'état où on le voit présentement (1). »

Ces paroles de Locke peuvent expliquer quelques indécisions qui se rencontrent dans les différentes parties de *l'Essai sur l'entendement humain*. Après avoir vu à quelle occasion fut commencé cet « Essai » — demandons-nous quel est l'objet de cet ouvrage ; Locke lui-même nous l'apprendra encore dans quelques lignes de son avant-propos : — « Il suffira, dit-il pour le dessein que j'ai présentement en vue, d'examiner les différentes facultés de connaître qui se rencontrent dans l'homme, en tant qu'elles s'exercent sur les divers objets qui se présentent à son esprit; et je crois que je n'aurai pas tout à fait perdu mon temps à méditer sur cette matière, si, en examinant pied à pied, d'une

---

1. Nous citons partout la traduction de Coste.

manière claire et historique, toutes ces facultés de notre esprit, je puis faire voir, en quelque sorte, par quels moyens notre entendement vient à se former les idées qu'il a des choses, et que je puisse marquer les bornes de la certitude des connaissances et les fondements des opinions qu'on voit régner parmi les hommes. »

L'Essai sur l'entendement humain — est donc un traité d'idéologie, comme on dira plus tard. Et qu'on ne croie pas que cet examen de ce dont notre esprit est capable — soit entrepris par Locke dans un but acataleptique. Loin de travailler au profit de l'esprit de doute, il estime, au contraire, que « la connaissance des forces de notre esprit suffit pour guérir du scepticisme ainsi que de la négligence où l'on s'abandonne lorsqu'on doute de trouver la vérité. »

L'Essai sur l'entendement humain se divise en quatre livres, dont voici l'objet : 1er livre : *des Notions innées* ; 2e livre : *des Idées* ; 3e livre : *des Mots* ; 4e livre : *de la Connaissance*.

Ainsi qu'il résulte de ces titres mêmes, les deux premiers livres ont pour objet une question psychologique, celle de l'origine, de la formation et des caractères de nos idées ; le troisième a pour objet une question de logique, celle des rapports du langage avec la pensée ; le quatrième a également pour objet une question de logique, celle de la légitimité de nos connaissances.

Le but de Locke est : 1° de rendre compte de l'origine de nos idées ; 2° de montrer quelle est la certitude, l'évidence et l'étendue de notre connaissance ; 3° d'obliger la philosophie à renoncer à ce qui dépasse la compréhension humaine, en marquant nettement les limites de sa compétence.

Il n'y a pas de connaissance innée — telle est la thèse fondamentale que Locke oppose dès l'abord à l'idéalisme. Mais il remplace l'innéité des idées — par l'innéité des facultés.

L'Essai sur l'entendement humain fut publié à Londres en 1690 (in-fol. angl.) Fox Bourne (1) donne comme date probable de la rédaction de « l'Essai » les années à 1686-1687, lors du séjour de Locke en Hollande. En effet, à son retour en Angleterre, Locke consacra une partie de son temps aux affaires publiques, une autre à la médecine et le reste sans doute à ses amis de Londres, d'Oxford et, du Sommerset (2).

Mais revenons aux écrits de Locke lui-même. En 1690 paraît :

19° *La deuxième lettre sur la tolérance ;*

20° *Quelques considérations sur les suites de la diminution de l'intérêt et de l'augmentation de la valeur des monnaies,* in-8° Londres, 1691.

Ce livre sur le commerce eut une grande influence

1. Fox Bourne, t. I, p. 425.
2. Dès 1688, une sorte de prospectus ou analyse de *l'Essai* avait été publiée en Hollande par Locke dans *la Bibliothèque universelle* de Leclerc (t. VIII, p. 49-142), sous ce titre : *Extrait d'un livre anglais qui n'est pas encore publié,* intitulé : *Essai philosophique concernant l'entendement humain.* — J. Wynne, qui fut depuis évêque de Saint-Asaph, en fit un autre abrégé en anglais, traduit en français par Bosset, Londres, 1720. Le grand ouvrage a été traduit en français par Coste, in-4°, en 1700, 1729 et en 4 volumes in-12, 1742. Il eut trois traductions latines : la meilleure paraît être celle de Thièle, publiée à Leipzig en 1731. On compte aussi trois traductions allemandes : celle de Poleyen, en 1757 (in-4°) ; de Tittel, en 1791 (in-8°) ; de Tennemann, en 1797 (3 vol. in-8°).

sur beaucoup de traités d'économie politique durant le xviiie siècle.

21° *Troisième lettre sur la tolérance* (1692).

Le traité *de l'Éducation des enfants*, écrit en anglais, fut publié in-8° à Londres en 1693.

Dès 1695, il fut traduit en français par Coste sur la première édition ; mais, dans la suite, l'auteur y ayant fait plusieurs additions, Coste publia après la mort de Locke une nouvelle traduction faite, cette fois, sur la cinquième édition. En tête du traité de *l'Éducation des enfants* se trouve une épître dédicatoire de Locke à un de ses amis, Édouard Clarke : « Comme la bonne éducation des enfants est une des choses auxquelles les parents sont le plus puissamment engagés par devoir et par intérêt, et que le bonheur et la prospérité d'une nation en dépendent essentiellement, je souhaiterais que chacun prît à cœur cette affaire et qu'on s'appliquât à mettre en usage la méthode qui, dans les différentes conditions des hommes, serait la plus facile, la plus courte et la plus propre à en faire des gens vertueux, utiles à la société et habiles chacun dans leur profession.

Voilà ce qui m'a engagé à composer ce petit ouvrage. » Après cela, Locke entre en matière et parcourt une série de questions qu'il traite avec simplicité.

Voici quelques-unes de plus importantes : De la santé ; précautions nécessaires pour la conserver aux enfants ; — Du soin qu'on doit prendre de l'âme des enfants ; — Des châtiments qu'il faut infliger aux enfants ; — Des récompenses et de l'usage qui doit en être fait dans l'éducation des enfants ; —Des fautes pour lesquelles on ne doit point châtier les enfants, et de celles qui méritent châtiment ; — De la nécessité de ne pas laisser prendre trop d'empire aux enfants ; — Comment il faut corriger les enfants de leur inclination à la cruauté ; — De la curiosité chez les enfants ; comment elle doit être mise à profit, etc...

Nous voyons que l'éducatiion est envisagée par Locke au point de vue physique, intellectuel et moral, c'est-à-dire sous toutes les faces qu'elle peut offrir. Ajoutons que ce livre n'est pas seulement écrit pour des gouverneurs et pour des pères de famille, mais encore et surtout pour les mères ; car Locke, notamment dans la première partie, y entre dans des détails dont la sollicitude maternelle peut seule se préoccuper. — En général, Locke, dans son traité, donne pour le gouvernement de l'enfance les conseils d'un observateur et d'un médecin, et ce ne sont pas ceux qui ont été le moins suivis.

La santé du corps et la santé de l'âme, voilà son double but. L'éducation doit faire des hommes de bien ; la morale occupe donc la plus grande place dans le traité, une morale fondée sur l'observation, conçue en vue du caractère des enfants et de la destinée des hommes faits. Ceux-ci doivent être d'utiles membres de la société civile ; c'est une morale civile, laïque en quelque sorte, qu'il leur faut. Ils doivent être propres au monde comme aux affaires. Ils ont besoin non de l'érudition des mots, mais de la connaissance des choses. Ainsi l'instruction trop exclusivement littéraire qui a prévalu jusqu'ici doit faire place à une étude des langues, des sciences, de l'histoire, enfin de la philosophie, telle qu'elle puisse servir aux devoirs, aux occupations d'un honnête citoyen.

C'est là le fond du traité de Locke dont le sujet est exposé d'une manière claire et compréhensible.

23° *Les Éléments de la philosophie naturelle*. — Ce traité fut publié à Londres en 1694 et fut écrit pour le jeune fils de lady Masham. Dans cet excellent traité, Locke a résumé avec infiniment de clarté, mais sans aucun mélange d'interprétation philosophique tout le savoir positif de son temps sur la nature.

Mais en même temps les questions sociales et religieuses ne lui restent pas étrangères ;

24° Les arguments pour la liberté de la presse ;

25° *Le Christianisme raisonnable*. — Cet ouvrage, publié à Londres en 1695 in-8°, fut traduit de l'anglais en français par Coste. Il a pour objet de prouver que le Christianisme, tel qu'il est représenté dans l'Écriture sainte, n'offre rien de contraire à la raison. En accord avec les principes posés dans sa lettre à Limborch sur la tolérance, Locke permet à chaque communion une croyance libre, moyennant l'adoption de ce dogme essentiel : Jésus est le Messie. Le Christianisme est pour lui l'Évangile de l'amour ; il veut agrandir la loi de nature et de raison en montrant comment les hommes peuvent arriver au salut. Lui-même pensait être un chrétien croyant, et ses lettres ainsi que sa vie témoignent de la profondeur de ses sentiments religieux.

Il lisait la Bible avec ardeur, et durant ses dernières

années il composa un commentaire sur l'Écriture aux Corinthiens. Mais il n'accepte les doctrines chrétiennes qu'avec le moins possible de croyances dogmatiques et d'organisation hiérarchique. Un ouvrage de John Toland *Le Christianisme sans mystère*, qui parut en 1696 et fut publiquement brûlé à Dublin l'année suivante, ne paraît être autre chose, a-t-on dit, que l'exposition des conséquences qu'on peut tirer du *Christianisme raisonnable* de Locke. L'écrit de Locke fut ainsi attaqué par Edward Stillingfleet, évêque de Worcester, et une polémique s'ensuivit entre le philosophe et le savant prélat.

Le Christianisme raisonnable paraît avoir eu, comme la *Lettre sur la tolérance*, un but de circonstance. Le nouveau roi d'Angleterre, Guillaume III, avait entrepris la réunion de toutes les sectes dissidentes. Il fallait dès lors dégager du milieu de toutes ces dissidences les croyances religieuses sur lesquelles ces différentes sectes s'accordaient ; et c'est là que Locke entreprit d'établir comme l'essence même du christianisme. L'histoire nous apprend que le plan conciliateur de Guillaume III demeura sans réalisation, et que le livre de Locke ne put opérer cette fusion religieuse que le roi et le philosophe s'étaient proposée.

26° *Examen de l'opinion du P. Malebranche* : « Que nous voyons tout en Dieu. » Cet examen est généralement peu favorable à l'auteur de *la Recherche de la vérité*. Entre autres critiques fondamentales, Locke reproche à Malebranche d'avoir appelé Dieu, *l'Être universel*, façon de parler qui aboutit soit à confondre

Dieu avec l'ensemble des choses, soit à en faire une pure abstraction ; « car, dit Locke, ce terme d'*Être universel* doit signifier un être qui contient tous les autres, et, en ce sens, l'univers peut être appelé *l'Être universel* ; ou bien il signifiera l'être en général, ce qui n'est que l'idée de l'être, abstraite de toutes les divisions — inférieures de cette notion générale, et de toutes les existences particulières. Or, que Dieu soit l'être universel dans l'un de ces deux sens, je ne puis le concevoir ; et je ne crois pas que les créatures soient ni une partie de lui-même, ni une de ses espèces » (Londres 1695).

Remarques sur quelques parties des ouvrages de M. Norris, dans lesquelles il soutient l'opinion du P. Malebranche, « Que nous voyons tout en Dieu ». Cet écrit n'est qu'un appendice du précédent. Norris, dont Locke entreprend ici la critique, avait, de son côté, écrit des *Réflexions sur l'Essai concernant l'entendement humain*, qui avaient été imprimées à la fin de son ouvrage intitulé *Félicité chrétienne*, ou *Discours sur les béatitudes de Notre-Seigneur et Sauveur Jésus-Christ* (in-8°, Londres 1695).

Vers la même époque commence la polémique de Locke avec Stillingfleet alors évêque de Worcester.

28° Lettre à l'évêque de Worcester (1697) ;

29° La réplique de l'évêque de Worcester ;

Locke continue ses études sur la logique et la méthode des sciences.

30° *Conduite de l'esprit dans la recherche de la vérité*. (1697). Cet écrit, est une sorte d'appendice à *l'Essai sur l'entendement humain*. Locke y traite plusieurs questions qu'il n'avait fait qu'indiquer dans l'« Essai », entre autres, la question des remèdes à apporter aux fausses associations d'idées. Ce traité est divisé en quarante-cinq chapitres, parmi lesquels ceux qui sont les plus importants ont pour objet *la Religion, les Sophismes, les Vérités fondamentales, l'Association des idées*.

31° *Essai sur les Miracles* (1703) ;

32° *Les Commentaires sur les épîtres de Saint Paul* (1703);

33° *Mémoires pour servir à la vie d'Antoine Ashley, comte de Shaftesbury, et grand chancelier d'Angleterre sous Charles II*. Ces mémoires tirés des papiers de Locke, après sa mort, furent mis en ordres et traduits en français par J. Leclerc.

34° *Œuvres posthumes*. Londres, 1706. Traduites en français par J. Leclerc. *Œuvres diverses de M. Locke*. Rotterdam, 1710; Amsterdam, 1732, 2 vol. in-8°. Œuvres complètes. *The works of John Locke*, 1714, 3 vol. in-fol., 3ᵉ édition, 1727.

D'après Fox Bourne, Locke n'a rien publié avant l'âge de cinquante-trois ans ; mais, de bonne heure, il avait pris l'habitude d'écrire ses réflexions, de noter rapidement les pensées qui lui venaient, et même de rédiger ses notes en quelques pages quand il en avait sur un même sujet de quoi former un tout (1).

Lord King a publié une partie de ces premières notes

1. Fox Bourne a trouvé, dans la Bibliothèque des Remontrants, trente-quatre lettres inédites de Locke à Limborch et de nombreuses copies de celles de Limborch à Locke ; publiées en 1912 par M. Ollion.

de Locke, extraits de ses *Common-place books*, mais on en a trouvé d'autres dans les papiers de la famille de Shaftesbury. avec un *Essay concerning toleration*.

Les divers petits essais, écrits avant 1667, nous montrent Locke fort occupé de religion et de politique, et surtout des rapports de l'État et de la religion. Tel est le fond commun de ces opuscules inédits : *Reflections upon the Roman commonweath* (1666) ; — *Sacerdos*; — *Infaillibilis Scripturæ interpres non necessarius* ; — *An Essay concerning Toleration*.

Tous ces opuscules, excepté *le Sacerdos*, que Lord King avait déjà fait connaître, ont été trouvés dans les « Shaftesbury Papers » (série VIII).

Mais cette question bibliographique une fois réglée, revenons à l'analyse des œuvres composées à cette époque de la vie de Locke et qui le montrent, disions-nous, occupé tout à la fois de religion et de philosophie.

L'apologie du *Christianisme raisonnable* de Locke, avait en effet suivi d'assez près la publication de son grand ouvrage pour que la critique confondît les deux œuvres, et les censures théologiques se mêlèrent aux objections philosophiques. On les trouvera dans divers écrits dont nous allons citer les titres : *l'Examen de la religion de M. Locke*, attribué au célèbre jacobite Atterbury (1700) ; — *le Discours sur la nature humaine*, de Richard Lowde; — *l'Anti-scepticisme*, d'Henri Lee (1702) ; — *la Nature de l'Ame*, de Broughton (1703) ; — une dissertation sur *les Idées nées avec nous*, du Dr W. Sherlock (1704) ; enfin une critique spéciale de M. Carroll qui adresse à Locke le reproche inattendu d'avoir repris les hypothèses de Spinoza (1706). Mais du vivant même de Locke, Thomas Burnet, auteur d'une géologie biblique lança contre lui un ouvrage spécial : *Telluris theoria sacra*. Lond., 1681. *Remarks upon an Essay concerning human understanding* (1697). Les plus fortes attaques portées en Angleterre contre « l'Essai » de Locke pendant la vie de l'auteur, furent celles d'Edward Stillingfleet, évêque de Worcester, de John Norris, recteur de Bemerton et du Dr Henry Lee.

Locke a résumé les objections de Stillingfleet dans des notes, qu'il a incorporées aux dernières éditions de son « Essai ».

Le seul intérêt qui rende ces notes dignes d'être conservées, c'est qu'elles offrent un exemple de la politesse et de la tolérance avec lesquelles Locke soutenait de son côté une controverse dans laquelle la partie adverse mettait tant d'amertume et si peu de franchise. — Un évêque irlandais s'exprimait à ce sujet de la manière suivante dans une lettre adressée à M. Molyneux : — « Je lis avec un bien grand plaisir les lettres de M. Locke à l'évêque de Worcester, et je suis tout à fait de votre avis qu'il a complètement renversé à terre ce grand adversaire, et cela avec tant de politesse qu'on aurait dit qu'il craignait non seulement de lui faire le moindre mal, mais même de chiffonner ses vêtements. »

L'ouvrage de Lee est intitulé : *Anti-scepticisme*, ou *Notes sur chaque chapitre de l'Essai sur l'entendement humain* de Locke, avec une explication des objets traités par lui, et dans le même ordre, par Henry Lee, ancien membre du collège Emmanuel de Cambridge, recteur de Tichmarsh, comté de Northampton. Londres, 1702, in-folio.

Les observations de cet auteur sont souvent ingénieuses, quelquefois justes et portent toujours un caractère de franchise et de bonne foi « qu'on ne trouve que bien rarement dans les controversistes. » On est étonné de voir Lee mettre la clarté du style au nombre des qualités qui ont concouru à recommander l'ouvrage de Locke au public : « Le célèbre auteur de *l'Essai sur l'entendement humain*, dit Lee, possède tous les avantages qui peuvent recommander son ouvrage aux savants de notre époque, un zèle avoué pour recourir à de nouvelles méthodes de découvrir la vérité et de rendre les sciences d'un abord plus facile, une liaison parfaite dans les diverses parties de son plan, une clarté admirable dans les raisonnements, et par dessus tout une élégance naturelle dans le style, une beauté d'expression dénuée de toute affectation, une juste proportion et une cadence harmonieuse dans toutes ses périodes » (*Épître dédicatoire* d'Henry Lee).

Enfin, nous allons nommer celui qui le premier a jugé Locke. Leibnitz lui a consacré le plus considérable de ses ouvrages. Dans ses *Nouveaux essais* qui ne parurent pas de son vivant parce que Locke n'était plus là pour répondre ; il le traite avec plus de bienveillance qu'il n'a traité Descartes, mais il le suit pas à pas, sauf pour les paragraphes où il est de son avis, et chaque chapitre est un dialogue écrit en français, où Philarète analyse et résume la doctrine de l'original anglais dans le chapitre correspondant, tandis que Théophile la développe, la complète et souvent la redresse en ayant à peine l'air de la réfuter. L'ouvrage fait donc connaître assez bien Locke et Leibnitz ensemble.

Pour être plus complet, nous devons dire quelques mots d'une jeune femme de vingt-deux ans, Catherina Cockburn, qui prit la défense persévérante de Locke contre ses adversaires.

Longtemps après la mort de Locke elle continua cette défense avec fidélité. Elle a écrit : *Defence of Mr. Locke's Essay on the human Understanding* (1702). Née en 1679, et morte en 1749, elle a composé des tragédies et divers ouvrages, dont deux contre le Dr Holdsworth pour défendre Locke, en 1726 et 1743.

CHAPITRE II

Influences médiévales sur l'éducation de Locke.

Sa vie : de 1632 à 1704. — Son enfance. — Son éducation religieuse. — Influence maternelle. — En 1646, Locke entre à l'école de Westminster. — L'enseignement de cette école. — En 1652, il est à Oxford (Christ Church-College). — Survivances médiévales dans le programme des études à Oxford. — Philosophes du moyen-âge que Locke a pu connaître durant son séjour à Oxford. — Discussions sur la dialectique de Ramus. — Influence d'Owen et du puritanisme. — Latitudinisme. — Lecture de François Bacon, de Descartes et de Gassendi. — Voyage en France (1675-1679). — L'Utopie de Locke. — Polémique contre Descartes. — Influence de Cudworth sur Locke par l'intermédiaire de Lady Masham. — Doctrine de Cudworth. — Locke connaît d'autres néoplatoniciens contemporains. — Évolution des croyances religieuses de Locke : son *credo* écrit en Hollande. Relations avec les Quakers. — Dernières années de sa vie. — Sa Mort.

John Locke vécut de 1632 à 1704. — Sa vie commence à l'époque où Gassendi et Descartes sont dans la plénitude de leur génie et s'étend parallèlement à celles de Pascal, de Malebranche, de Leibnitz et de toute une pléiade de grands hommes.

Son enfance s'écoule dans une famille puritaine ; on

sait que le puritanisme était un effort après l'acceptation de la doctrine, du culte et de la constitution de l'Église établie, pour débarrasser cette Église de tous ses vestiges de catholicisme romain et la reformer d'après la lettre de l'Écriture sainte et sur le modèle du presbytérianisme suisse. Nous reviendrons tout à l'heure à l'exposition de la doctrine puritaine.

Locke subit l'influence de sa mère, une femme pieuse et tendre. Sa jeunesse avait été familiarisée avec le nom du Christ, avec le langage de l'Évangile. La parole sainte lui avait été enseignée et préconisée comme règle des mœurs. Son éducation morale fut en un mot toute évangélique. En 1646, après un brillant examen, le jeune Locke fut admis à la vieille et célèbre école de Westminster où, l'année suivante, il obtint le titre d'écolier du roi « King's Scholar », lui donnant droit, non seulement à la gratuité des cours pour les six ans qu'il y devait passer, mais encore à une allocation annuelle de treize shillings quatre deniers pour l'habillement et de soixante shillings dix deniers pour la table (1)».

Il reçut donc l'enseignement de cette école, qui consistait à apprendre beaucoup de grammaire latine et grecque, à faire de perpétuels exercices de mémoire, des thèmes et des versions, des vers; à la fin un peu d'hébreu et d'arabe. — Cette éducation maintenait Locke dans le courant de la pensée médiévale.

On ne sait pas à quel point devait être profonde, ineffaçable, l'empreinte que laissait dans l'âme de Locke le Christianisme tel que l'avait connu son enfance.

1. Marion J. *Locke*, p. 3.

Il a gardé tout à la fois l'autorité d'une antique croyance religieuse et aussi la séduction d'une opinion nouvelle, acceptée comme loi de la vie publique (1).

En 1652. Locke passa de Westminster à l'Université d'Oxford et fut admis comme étudiant (junior student) à Christ Church College d'Oxford, fondé en 1526 par le cardinal Wolsey qui voulait en faire le plus grand établissement de l'Université. « Le prédicateur presbytérien Owen était nommé en 1652 directeur du Christ Church College et chef de l'Université tout entière ; il s'appliquait à y rétablir la discipline, les mœurs et les études qui avaient singulièrement souffert de la guerre civile » (2).

Nous aurons à dire bientôt quelle était la direction religieuse d'Owen « Pour les études à Oxford on avait laissé vivre le vieux programme traditionnel des sept arts : grammaire, rhétorique et logique composant le *trivium* ; arithmétique, géométrie, musique et astronomie, composant le *quadrivium* ; de plus, l'usage obligatoire et exclusif du grec et du latin, même dans la conversation et les jeux » (3).

Ritter dans son *Histoire de la philosophie chrétienne* p. 719, dit, que la *Summa totius logices* de Guillaume d'Occam était employée à Oxford comme « Manuel » encore à la fin du dix-septième siècle. Il dit encore à la page 734, que la célèbre *Éthique* de Buridan a une réimpression en 1637, sa *Politique* en 1640 à Oxford. La *Summa* d'Occam fut réimprimée à Oxford en 1675, au

---

1. D'après Fox Bourne, t. I.
2. Marion, p. 4.
3. *Ibid.*, p. 4.

temps où Locke, âgé de quarante-trois ans, était déjà depuis quinze années lecteur et répétiteur.

Dans un chapitre consacré aux courants philosophiques médiévaux durant le xviie siècle, nous donnerons une place spéciale à l'influence des doctrines de Guillaume d'Occam sur la philosophie de Locke.

A Oxford en 1652, la question du jour était de savoir s'il fallait accepter ou rejeter les modifications proposées par Ramus. C'est à la logique que le nom de Ramus est demeuré spécialement attaché ; c'est sur cette question que porta son principal effort, et la doctrine qui a reçu le nom de *ramisme* est, avant tout, un système de dialectique.

Ramus paraît avoir professé secrètement la religion protestante, mais sans avoir osé manifester publiquement ses vrais sentiments. En 1551, il eut l'imprudence de dire que la théologie devait se réduire à l'enseignement des vérités de l'Évangile, et de faire enlever les images sacrées du Collège de Prêtres où il enseignait (1).

Vraiment religieux, Ramus chercha toujours la religion exclusivement dans les maximes et la morale évangéliques.

Le système de Ramus comprend deux parties : d'abord la critique très vive, mais souvent injuste d'Aristote, confondu avec les scolastiques ; puis une théorie du raisonnement divisée, d'après Ciceron et Laurent Valla (2), en invention et jugement. Cette

1. Banosius, *Vie de Ramus*, pp. 19-20.
2. Laurent Valla naquit à Rome en 1406 et mourut à Naples en 1457. Les écrits philosophiques de Valla sont au nombre de trois : *De Dialectica contra Aristotelicos*, in-fol. Venise, 1499. — *De Libertate arbitrii*, in-4°, Bâle, 1518. — *De Voluptate et vero bono*. Dans

double faculté est propre à l'homme ; elle lui est naturelle et innée (*homo animal logicum*). L'art vient plus tard s'ajouter à la nature et traduire en préceptes les démarches spontanées de la raison. Enfin, l'exercice et la pratique convertissent ces préceptes en habitude par les deux procédés qui résument toute la méthode d'enseignement de Ramus, et qu'il appelait ἀνάλυσις et γένεσις. L'analyse de Ramus portait sur les principales œuvres où l'esprit humain a déployé ses qualités logiques ; elle avait pour but de découvrir et de mettre en lumière les qualités les plus hautes de la pensée humaine. Ces lois, une fois connues et analysées, Ramus essaye de faire à son tour une œuvre personnelle en imitant les meilleurs et les plus illustres modèles dans sa *Dialectique*.

En Angleterre, l'école ramiste trouva un partisan illustre et zélé dans la personne de Guillaume Temple de Cambridge, ami du noble chevalier Philippe Sidney, auquel il dédia ses *Commentaires sur la dialectique de Ramus*. (1).

A Oxford, on était généralement ramiste, et Locke, dans ses œuvres philosophiques, reprend le but poursuivi par le ramisme.

Locke acheva de devenir un parfait « student », comme on peut le voir par deux pièces de vers, l'une en latin, l'autre en anglais, composées à l'occasion de la paix de 1653 avec la Hollande. Il y met, sans hésiter, Cromwell

---

ces trois ouvrages, Valla combat les sectateurs d'Aristote et les partisans de la scolastique. — La philosophie de Valla est, en général, pratique plutôt que spéculative. La faculté qu'il met à la tête de toutes les puissances dont l'homme peut être doué, c'est la volonté. C'est parce que l'Evangile s'adresse spécialement à la volonté que Valla préfère la philosophie chrétienne à toute autre sagesse.

1. Buhle, *Histoire de la philosophie moderne*, t. II, p. 601.

au-dessus de César et d'Auguste. Bachelier en 1655, il fut nommé peu après *senior student* (socius, aujourd'hui fellow), c'est-à-dire attaché définitivement à l'Université, puisque ce titre une fois obtenu l'était ordinairement pour la vie.

Un grand changement s'était produit en Locke depuis sa sortie de Westminster. Il a subi l'influence de John Owen (1) directeur du Christ Church College, qui, au temps où le Parlement d'Angleterre était le maître absolu, prêcha contre les évêques et contre les cérémonies qu'il regardait comme un reste de superstition de l'Église romaine. Il fut ensuite ministre de Fordham dans le comté d'Essex. Sur la fin de 1648, il fit dans ses sermons l'apologie de ceux qui avaient fait mourir le roi Charles Ier et prêcha contre Charles II et contre les royalistes. On peut voir à ce sujet : *Lettre à un ami sur quelques principes et pratiques du Dr Owen*, imprimée à Londres en 1670. Après le rétablissement du roi Charles II, il prêcha quelquefois dans sa maison à Stadham, et ensuite dans une église de Nonconformistes à Londres, jusqu'à sa mort. Owen était du parti de ceux qu'on appelle « Indépendants » ; mais, sur la fin de ses jours, il déclara plusieurs fois qu'il se mettrait facilement d'accord avec les presbytériens. Quelques moments avant de mourir, Owen fit, dit-on, porter à l'imprimerie ses dernières *Pensées sur la gloire du Christ*.

Peu à peu Locke, grâce à l'influence et à l'enseigne-

---

1. Ses principaux ouvrages sont: *Vindiciæ evangelicæ* (Londres 1635) ; — *De natura ortu, progressu et studio veræ theologiæ* (Londres 1661) et *Sur la doctrine de la justification par la foi* (Londres 1677).

ment d'Owen, passa de la sévérité puritaine à la parfaite tolérance.

Considérons en effet quelle est la différence entre le puritanisme-religion de la jeunesse de Locke, et le genre de tolérance qu'il professa dans la suite.

Les puritains, s'efforçaient de faire régner dans la population des pratiques morales observées avec beaucoup de rigueur. Ils avaient entièrement réussi à les faire observer à leur armée. Sous leur domination, l'adultère fut puni de mort, et le relâchement des mœurs, de la prison, les spectacles, les jeux, les paris furent restreints par mille interdictions ; les œuvres d'art d'un caractère libertin furent livrées à la destruction ; la fête joyeuse de Noël fut remplacée par un jour de jeûne ; pour plaire aux puissants du jour, il fallait s'habiller de vêtements aux couleurs sombres, porter les cheveux plats, adopter un accent nasillard et parler un jargon tout farci d'expressions scripturaires. L'Acte de tolérance de Guillaume III (1689) reconnut aux presbytériens, aussi bien qu'aux indépendants, aux baptistes et aux quakers, le droit d'exercer publiquement leur culte respectif. Dès lors, le terme de puritains ne fut plus qu'une dénomination historique, et l'on se servit à l'ordinaire, pour désigner les diverses Églises non conformistes, du terme collectif de dissidents (dissenters).

Locke avait des amis parmi les modérés et les délicats de toutes les opinions politiques ou religieuses ; il était *latitudinaire*.

A la fin de son *Essai sur la Tolérance*, nous lisons la définition de ce mot. — « Avoir des lois strictes touchant la vertu et le vice, mais élargir autant que possible les termes du *credo* religieux, c'est-à-dire faire en sorte que les articles de croyance spéculative soient peu nombreux et larges, les cérémonies peu nombreuses et faciles, — voilà ce qui constitue le *Latitudinisme*. »

Locke fut par son père destiné à être clergyman, et lui-même, si tiède que fût son zèle, n'avait point de répugnance à entrer dans les ordres. En 1658, il est reçu maître ès arts ; trois ans après, il est nommé, en 1661, répétiteur de grec puis de rhétorique, et un peu plus tard « censeur de philosophie morale ».

L'Université d'Oxford, dit Ch. de Remusat, dans son étude sur Locke, s'énorgueillit aujourd'hui d'avoir nourri John Locke, dont elle montre un remarquable portrait dans une des salles du Christ Church College.

En étudiant les théologiens et les philosophes du moyen-âge, tels que saint Augustin, saint Thomas, Duns Scot, Guillaume d'Occam, Buridan, et Biel, Locke a reconnu, d'une part, les mérites de la philosophie médiévale ; mais d'autre part, il a critiqué, comme nous le verrons, les défauts de la méthode scolastique.

On sait la distinction que M. Fr. Picavet (1) a établie entre la philosophie médiévale et la philosophie scolastique. Et si nous pouvons affirmer ici que Locke (2) condamne la plupart du temps la scolastique, — la philoso-

---

1. Fr. Picavet, *L'Esquisse d'une histoire gén. et comp. des philosophies médiévales*, ch.II et IV. Voir *la Scolastique* (*Revue Internationale de l'Enseignement*, 1893).— *Les Historiens de la Scolastique* (*Revue philosoph.*, 1902) et art. *Scolastique, thomisme* (*Grande Encyclopédie*).
2. Ses doctrines sur l'existence et les attributs de Dieu, les anges, l'immortalité de l'âme et la révélation témoignent en effet, comme nous les verrons au cours de ce travail, qu'il a subi cette influence des grands philosophes médiévaux.

phie médiévale, au contraire, exerce sur lui une grande influence.

Locke a lu Descartes à l'âge de vingt-sept ans, et ce fut pour lui, il aimait à le dire, « une véritable révélation. »

Fr. Bouiller dit dans son *Histoire de la Philosophie cartésienne*. t. II, ch. XXIV, que Locke ne savait pas encore le français, mais les ouvrages de Descartes avaient été ou écrits ou aussitôt traduits en latin. Ils n'étaient pas d'ailleurs en honneur à Oxford, où le cartésianisme ne trouvera longtemps que des adversaires, alors même que, apporté par le Franciscain Antoine Legrand, il aura gagné assez de terrain pour être dominant à Cambridge. — Avec Descartes, Locke a ceci de commun, qu'il s'affranchit de bonne heure de la sujétion de ses maîtres, méprise les disputes de l'école et cherche la vérité en toute indépendance dans *le Grand Livre du monde* (1).

« Nous devons reconnaître, dit Ch. de Remusat dans *l'Histoire de la Philosophie anglaise*, quelque chose de plus qu'une simple conformité de goûts, puisque lui-même proclamait hautement le plaisir et le profit qu'il avait trouvé à lire Descartes — le regret qu'il avait — de ne pas avoir connu plus tôt un tel guide. »

Il est incontestable que Locke, avant Descartes, avait lu François Bacon, mais ce qui est sûr, c'est qu'il n'y avait pas trouvé une excitation de pensée comparable à celle qu'il reçut du philosophe français.

1. V. *Notes et esquisses du journal de Locke*, et « Misc. Papers », (1675-1679).

Depuis cette dernière étude, il lut avidement les philosophes modernes, surtout les cartésiens et leur adversaire, — Gassendi.

En 1668, Locke fut élu membre de la « Société Royale ». Parmi les savants qui la composaient, il s'était fait un petit groupe de son choix, qu'il aimait à réunir chez lui, pour discuter en commun les questions scientifiques, morales ou religieuses, qui les intéressaient. C'est d'un de ces entretiens que sortit, dans l'hiver de 1670-1671, la première idée de *l'Essai sur l'entendement humain* (1).

En 1672, Locke vint à Paris pour la première fois, durant un congé de deux ou trois semaines, que sa santé l'avait forcé de prendre. En 1675, Locke entreprit un voyage à Montpellier — cette ville était alors un séjour ordonné aux malades : — il s'y trouvait aussi une Université et surtout une Faculté de médecine.

Il est venu à Paris, pour la seconde fois, le 23 mai 1677 : cette fois, il y reste plus d'un an, visitant avidement les curiosités de la ville. Il se lia avec tous les savants auprès de qui il pouvait se faire introduire. Il fit ainsi connaissance du voyageur Bernier (2), médecin du Grand Mogol, disciple de Gassendi, avec Chapelle, Molière et avec l'érudit Toynard, qui resta vingt-cinq ans son correspondant et son ami.

En outre, Locke assistait souvent à des expériences de physique ou à des observations médicales.

---

1. Marion, p. 17.
2. Bernier rédigea en commun avec Boileau l'arrêt burlesque contre ceux qui voulaient que le Parlement empêchât d'enseigner autre chose que la philosophie d'Aristote.

C'est sous le patronage de Boyle que Locke se présentait aux savants français : « Je sais, lui écrivait-il, le 4 juin 1677, en lui demandant des lettres de recommendation pour les *virtuosi* (célébrités) de l'époque, je sais que votre nom seul m'ouvrira les portes et me fera recevoir là, où sans cela, un homme de ma sorte, sans prestige et sans nom, ayant peu de langage et encore moins de savoir, n'aurait guère de chances d'être admis. »

Vers cette époque, Locke s'occupe de créer une ville d'*Utopie* à l'instar de Thomas Morus (1), dont il connaissait l'œuvre.

L'*Utopie* de Thomas Morus est un ouvrage allégorique, dans le goût de la République de Platon. En Utopie — cette île qui n'existe nulle part, — la législation a pour but le bien-être social, industriel, intellectuel et religieux de la communauté en général, et de la classe laborieuse plus particulièrement. Tout le monde travaille, mais d'un travail modéré. La journée est ainsi divisée : six heures pour travailler, dix heures pour se reposer ou s'instruire, huit heures pour dormir. Il faut, en effet, que les ouvriers s'instruisent « car c'est une des conditions essentielles du bonheur public d'avoir quelques heures de loisir pour réfléchir et orner son esprit ». Il y a de nombreuses écoles. — Les maisons

---

1. Thomas Morus, né à Londres en 1480, fit ses études à l'Université d'Oxford, acquit de bonne heure une grande célébrité au barreau, et fut rapidement élevé à la dignité de grand chancelier d'Angleterre par Henri VIII, qui se disait son ami et son admirateur. En 1501, Morus attira l'attention générale par les conférences qu'il fit à Saint-Laurent de Londres sur *la Cité de Dieu* de saint Augustin. Le 1ᵉʳ juin 1535, Morus fut condamné à mort par Henri VIII et exécuté six jours après. Ses derniers jours furent admirables de calme et de résignation chrétienne.

son confortables » — « On en était venu à l'Utopie à voir l'influence que peut avoir une hygiène générale bien entendue, sur la moralité publique, on répand partout l'air, la lumière, l'aisance, la propreté. — Même élévation d'idées, mêmes spéculations grandioses sur les questions des pénalités, de mariage, de religion. Prévenir le crime vaut mieux que le punir. »

En Utopie toutes les religions sont tolérées. « La religion ne doit être propagée que par la persuasion, non par l'insulte et la violence », et le culte public doit être célébré, « de façon que tous ceux qui croient aux Saintes-Écritures et y conforment leur vie puissent y prendre part sans hésitation, sans scrupule et sans hypocrisie. »

Locke, dans une lettre adressée à son ami Toynard, fait une allusion au misérable état de son pays, — c'est pour rappeler à son ami un projet chimérique qu'il lui écrit : « Fuyons ces horreurs ; mettons le vaste Océan entre nous et tant de *méchantes gens* ; voyons si nous ne pourrons pas trouver la paix pour nous-mêmes, à défaut de soulagement pour autrui dans quelque loin-lointaine Atlantis (1) ou Utopie, où il nous soit donné de vivre heureux et d'achever nos théories sur le progrès et le bien-être social ». L'Ile Bourbon, la Caroline, étaient les lieux où de préférence il plaçait son rêve.

Depuis son retour de France, Locke tourne en dérision l'animal machine de Descartes; c'est sans doute l'influence de Gassendi et de Cudworth par l'intermédiaire de Lady Masham qui l'incite à faire cette critique.

1. « Atlantis » décrite par Fr. Bacon après bien d'autres.

Dans une lettre à Nicolas Toynard il écrit : on dit « que l'éléphant est le plus sage des animaux... *Si messieurs les Cartésiens* lui trouvaient une glande pinéale proportionnée au volume de son corps, ne devraient-ils pas dire que c'est un animal qui a une grande âme ? Mais je ne voudrais pas qu'on donnât aux éléphants du papier et de l'encre, s'il est vrai qu'ils sont capables d'écrire, de peur qu'ils ne fissent savoir à la postérité, en leurs écrits, que c'est nous autres hommes qui ne sommes que des machines, et qu'eux seuls possèdent l'intelligence ».

Dans un de ses cahiers d'avril 1682, on trouve une note d'un caractère philosophique : c'est une réfutation des preuves de l'immortalité de l'âme, contenues dans *les Méditations* de Descartes.

La connaissance que Locke eut de R. Cudworth donna à sa philosophie une direction nouvelle. Souvent il étudiait et discutait les œuvres de ce philosophe plotinien, avec sa fille Damaris Cudworth (Lady Masham), qui jusqu'à la mort de Locke resta son amie fidèle.

Voyons donc quelles étaient les doctrines de ce philosophe. En 1678 Cudworth (1) publia à Londres son *Vrai système intellectuel de l'univers* (*the True intellectual System of the Univers*), un volume in-folio de plus de 1.000 pages. Cet ouvrage fut accueilli non seulement en Angleterre, mais dans toute l'Europe savante, avec une véritable admiration. Cependant il provoqua de vives querelles, tant parmi les théologiens que parmi les philosophes. Il contient, sur la trinité plotinienne,

---

1. D'après Thomas Birsch, *Résumé de la vie et des écrits de R. Cudworth*, en tête de son édition de l'*Intellectual System*. Londres, 1743.

comparée au dogme chrétien, des opinions dont les sociniens (1) et les nouveaux sabelliens (2) se firent un appui, et qui, par cela même, scandalisèrent les défenseurs officiels de l'orthodoxie anglicane. Un autre débat non moins animé, auquel se mêle la fille de Cudworth, Lady Masham, jalouse de défendre la gloire de son père, s'engagea entre Bayle et Jean Leclerc, sur la fameuse théorie de *la nature plastique* (3).

La nature plastique est un être spirituel, une âme d'un ordre inférieur, destinée seulement à agir en obéissant, en un mot, *l'âme de la matière*. Elle est répandue également dans toutes les parties du monde, où elle travaille sans cesse, artisan aveugle mû par une impulsion irrésistible, à réaliser les plans de l'éternel architecte, c'est-à-dire de la raison divine. Pour comprendre la nature et la possibilité d'une telle force, il suffit, dit Cudworth, de réfléchir aux effets de l'habitude, laquelle fait exécuter à notre corps d'une manière spontanée, sans aucune délibération, et peut-être sans conscience de notre part, les mouvements les plus compliqués et les plus difficiles, conformément à un plan préconçu par l'intelligence. On peut également s'en faire une idée par l'instinct des animaux, qui sans en connaître le but, et d'une manière irrésistible, accomplissent tous les mouvements nécessaires à leur conservation et leur reproduction. Mais l'instinct est supérieur à la nature plastique et d'un caractère plus excellent :

1. Sociniens — les partisans de Socin, qui rejettent les mystères et la divinité de Jésus-Christ.
2. Les Sabelliens niaient la distinction des trois personnes de la Trinité.
3. D'après *le Médiateur plastique de Cudworth*, de Paul Janet.

car les êtres qu'il domine et qu'il dirige ont au moins une certaine image de ce qu'ils font, ils en éprouvent ou du plaisir ou de la douleur ; tandis que ces qualités manquent à l'âme purement motrice et organisatrice de la matière (*ubi supra*).

Cudworth (1), dans son *Système intellectuel*, chapitre V, § 93, a établi d'une manière bien claire et profonde, — contre certains détracteurs de la raison humaine, que l'existence de Dieu peut fort bien être prouvée.

Pour cela, il n'est point nécessaire de la déduire comme une simple conséquence de certaines prémisses plus élevées et plus étendues que l'idée même de Dieu, ce qui serait une contradiction ; mais nous trouvons, dit-il, dans notre esprit, des principes, des notions nécessaires et inébranlables, qui portent en elles-mêmes le signe de leur infaillibilité, et qui nous fournissent immédiatement, sans les secours d'aucun principe intermédiaire, la première de toutes les vérités. L'existence de Dieu peut être prouvée de telle manière que les vérités géométriques ne nous offrent pas un plus haut degré de certitude.

Nous rechercherons dans un autre chapitre l'influence que Cudworth a pu exercer sur Locke et nous établirons des rapprochements entre les doctrines plotiniennes exposées par Cudworth et *l'Essai sur l'entendement humain* de Locke. Nous parlerons en même temps des autres néoplatoniciens de l'époque que Locke a pu con-

---

1. Cudworth a écrit un autre ouvrage sur la moralité éternelle et immuable — où il combat le fatalisme.

K.

naître, entre autres de Herbert de Cherbury et de Glanville, dont il parle ou auxquels il fait souvent allusion au cours de son ouvrage. (V. surtout liv. Ier de l'« Essai »).

Mais après avoir parlé au début de cette étude de l'évolution religieuse de Locke, revenons maintenant aux croyances qui ont été celles de sa maturité.

Dans l'ouvrage de lord King *The Life of John Locke, with extracts from his Correspondence, Journals and Common place Books* — on trouve une règle ou déclaration composée par Locke, dans laquelle il avait condensé en onze articles le *credo* et le règlement d'une petite « Société des Chrétiens pacifiques », lorsqu'il était en Hollande. Voici quelques expressions de son idéal moral et religieux dans la deuxième partie de sa vie.

« Nous pensons que rien n'est nécessaire à savoir et à croire pour être sauvé, que ce que Dieu a révélé. »

» Nous ouvrons donc nos rangs à tous ceux qui, en sincérité, reçoivent la parole de vérité révélée dans l'Écriture, et obéissent à la lumière qui illumine tout homme venant en ce monde (1).

» Si quelqu'un trouve difficiles à comprendre certaines parties doctrinales de l'Écriture, nous lui recommandons : 1° d'étudier l'écriture en humilité et simplicité de cœur ; 2° de prier le Père des lumières de l'éclairer ; 3° d'obéir à ce qui lui est révélé, se souvenant que la pratique de ce que nous savons est le plus sûr moyen de savoir davantage, ou que notre guide infaillible nous a dit : « Quiconque fera la volonté de celui qui m'a envoyé ; celui-là aura la science ».

1. Voir Évangile de saint Jean.

» N'ayant qu'un seul maître, qui est Christ, nous ne reconnaissons point de chef dans notre assemblée; mais si quelqu'un, en esprit d'amour, de paix et d'humilité, a une parole d'exhortation à dire, nous écoutons.

» Tout frère qui, après admonition, continue à être un agent de discorde, nous nous retirons de lui.

» Nous regardons comme un devoir, chacun et tous, de propager la doctrine et la pratique de la bonne volonté universelle et de la soumission, en tout lieu et en toute circonstance où Dieu nous en donnera l'occasion. »

De cette déclaration de Locke nous concluons, que toute la doctrine dogmatique qui en résulte paraît se réduire à ces deux points : « La parole de vérité est révélée dans l'Écriture, et Jésus-Christ, notre Seigneur et Sauveur est le grand modèle proposé à notre imitation. »

Nous trouvons dans cette idée un rappel de *l'Imitation de Jésus-Christ* du XIVe siècle. Surtout au quatrième livre de cet ouvrage, qui a pour but de faire franchir au fidèle le dernier degré de l'échelle mystique, et, en lui révélant les mystères de la béatitude et d'achever de l'unir à son *Sauveur* et à son Dieu.

Un peu plus tard, Locke dans son *Christianisme raisonnable* essaye de prouver que le Christianisme tel qu'il est représenté dans l'Écriture sainte, n'offre rien de contraire à la raison.

Locke eut à la fin de sa vie des relations avec des Quakers ou Amis.

Les quakers accordaient une importance prépondérante aux révélations du Saint-Esprit, c'est-à-dire qu'ils prétendaient que la vérité est « révélée directement par Dieu à l'âme humaine », et se soumettaient à la lettre même de l'enseignement biblique interprété par ces révélations.

Les quakers professaient du mépris pour les formes extérieures de la religion officielle, pour toutes les cérémonies, les rites, — obstacles à la vision de Dieu ; — refusaient le serment politique et religieux ; ne saluaient personne, n'ôtant même pas leur chapeau devant les juges, sous prétexte qu'on ne doit se découvrir que devant Dieu ; — tutoyaient tout le monde ; — ne payaient aucune redevance ecclésiastique, — le salut devait être gratuit ; — refusaient de porter les armes, à cause de commandement : « Tu ne tueras point » ; — condamnaient le luxe, étant vêtus avec la plus extrême simplicité ; — remplaçaient les noms païens des jours et des mois par des numéros.

Les quakers avaient entrepris la traduction du curieux roman d'Ibn-Tofaïl (1), dans lequel on nous montre un solitaire élevé dans une île déserte, arrivant par la seule raison aux résultats obtenus par un religieux qui médite sur le Coran. La question de l'union de l'âme avec Dieu, est ainsi capitale dans ce livre. — Il se peut que Locke durant ses relations avec les quakers, ait lu cet ouvrage, soit par le texte latin connu des quakers, soit peut-être même dans leur traduction anglaise.

Après avoir souffert plusieurs années de l'asthme, Locke mourut le 28 octobre 1704, à l'âge de soixante-

---

1. Intitulé *Ibn ben Yakdhan* ou *le Vivant fils du vigilant*.

treize ans ; il s'éteignit pendant que lady Masham lui faisait la lecture de *la Bible*. « Sa mort, dit-elle, fut comme sa vie, vraiment pieuse, mais naturelle, douce et simple. Il aimait par-dessus tout la vérité, la vérité pour elle-même, toute vérité, mais surtout les vérités utiles. »

Une grande douceur, un grand amour pour ses amis, le recherche sincère de la vérité et la ferme croyance en l'importance de la liberté individuelle et politique, tels sont les traits de caractère qui prennent chez Locke un relief particulier d'après ce que nous savons de lui par ses œuvres et par ses lettres. Ce qui est bien significatif, c'est ce qu'il écrivait un an avant sa mort à un jeune ami, qui devait devenir l'écrivain déiste, Anthony Collins : « Aimer la vérité pour elle-même, c'est la partie la plus importante de la perfection humaine en ce monde et la pépinière de toutes les autres vertus. »

On s'étonne qu'on ait pu parler de Locke comme d'un athée et d'un libertin. Nous comprenons, au contraire, dans le récit édifiant de ses derniers instants comme des préoccupations religieuses de toute sa vie, combien les croyances chrétiennes étaient profondes en lui. — Sa foi ressemble à celle d'un homme du Moyen Age.

CHAPITRE III

Sources de la théorie sensationiste de Locke.

Historique de la théorie sensationiste dans l'antiquité. — Platon: les organes des sens. — Plaisir et douleur. — Mécanisme et classification des sensations. — Esquisse d'une doctrine de la connaissance. — La Tabula rasa. — Aristote: connaissance sensible et connaissance intellectuelle. — L'Intellect actif et l'intellect passif. — Rôle de la sensation dans la connaissance. — Influence de Démocrite. — Épicure: l'intelligence et ses trois facultés. — Le critérium de la sensation. — Du stoïcisme à Plotin. — Nul intermédiaire entre l'objet et l'organe des sens. — L'imagination suit la sensation. — Imagination sensible et imagination intellectuelle. — Théorie de Proclus et de ses successeurs.

Au moyen-âge: St. Thomas. — Point de départ: nihil est in intellectu quod non fuerit prius in sensu. — Rôle de la sensation. — Les Espèces sensibles. — L'Activité intellectuelle de l'individu; partie de l'intellect actif universel. — Aegidius Colonna fait la synthèse des idées de St. Thomas sur la sensation et l'intellection. — Exposé de la doctrine sensationiste de Locke. — Sensation. — Réflexion. — La Table rase. — Qualités sensibles. — Plaisir et douleur. — L'Idée de la substance. — Sensation et intuition. — Conclusion: emprunts de Locke à ses prédécesseurs. — Originalité de sa théorie.

Nous nous proposons de rechercher dans ce chapitre quelles doctrines philosophiques anciennes et médiévales peuvent être considérées comme les sources originales de la théorie sensationiste de Locke.

Nous nous demanderons donc d'abord dans quelles théories de la connaissance émises par les devanciers de Locke nous pouvons indiquer les origines du sensationisme. Ensuite, après avoir fait cet historique nous entrerons dans une comparaison plus précise de la doctrine de Locke avec les théories qui ont pu contribuer par leur influence à la former.

Il nous faudra d'abord, bien que notre travail ne doive porter que sur les influences médiévales dans l'œuvre de Locke, — rechercher l'origine de ces influences dans l'antiquité. Cette étude est nécessaire ; faute de l'entreprendre, nous ne saurions comprendre d'une façon complète les philosophies médiévales qui sont le développement et le commentaire des théories de l'antiquité.

Nous esquisserons donc d'abord les doctrines de Platon, d'Aristote, des Épicuriens, de Plotin et de Proclus dans leur rapport avec le sensationisme. Nous passerons ensuite à l'exposé des doctrines médiévales qui sont le prolongement de ces théories anciennes.

C'est Platon (1), le premier, qui formule nettement le problème. On sait que, pour lui, la sensation c'est *l'impression dans l'âme*; ou pour mieux dire, l'*impression sentie par l'âme*. Il faut distinguer trois sortes de sensations : les unes sont des douleurs ; les autres des plaisirs ; d'autres, quoique très vives, ne participent ni

---

1. Nous avons consulté à ce sujet les ouvrages de Brochard, Renouvier, Ritter et Zeller.

du plaisir, ni de la douleur, λύπης δὲ καὶ ἡδονῆς οὐ μετέχον (1).

Pour que la sensation soit douloureuse, il faut trois choses : 1° qu'elle soit violente et brusque ; 2° qu'elle rencontre de la résistance dans les organes ; 3° qu'elle soit contraire à leur nature (2).

Les deux premières sont les conditions de la douleur ; la troisième en fait l'essence. La douleur peut se définir : la corruption du corps, où de l'une de ses parties.

La sensation agréable se produit dans des conditions analogues. Elle doit être également violente et brusque ; elle doit également rencontrer de la résistance dans les organes. Mais, au contraire de la douleur, le plaisir ramène les organes à leur état naturel. D'où l'on voit que le plaisir est subordonné à la douleur. Mais il n'en faut pas conclure qu'il n'en est que la négation.

Les organes composés d'éléments grossiers cèdent avec peine, tout en transmettant le mouvement : ils nous font éprouver le plaisir, et la douleur : la douleur, quand ils sont modifiés ; le plaisir, quand ils reviennent à leur premier état.

Les organes qui s'altèrent d'une manière lente, graduelle, et réparent leurs pertes brusquement et abondamment, étant insensibles à la sortie des parties, et sensibles à leur retour, ne causent point de douleurs, mais de très grands plaisirs. C'est ce qu'on peut remarquer pour les bonnes odeurs.

Ceux qui sont altérés d'une manière violente et soudaine, et reviennent à leur premier état avec lenteur,

---

1. Platon, *Timée*, p. 64.
2. *Ibid.*

peu à peu, ne causent point de plaisirs mais de très grandes douleurs. C'est ce qui se voit dans les coupures et brûlures du corps.

Cependant il ne faut pas oublier que, outre les sensations agréables ou pénibles, il en est qui, sans avoir aucun de ces caractères, sont cependant réelles et incontestables. Outre les plaisirs et les douleurs, il y a les sensations qui ne sont que sensations.

Elles ont lieu quand l'impression se produit avec facilité, μετ'εὐπαθείας (1). Comme l'impression ne rencontre pas de résistance dans l'organe, comme elle ne le fait pas sortir avec violence de son état naturel, et ne l'y rétablit pas avec violence, il n'y a ni plaisir, ni douleur. Cependant l'impression, partie du corps, arrivé jusqu'à l'âme : il y a sensation.

C'est ce qui se passe dans la vision. Que l'on coupe, que l'on brûle l'organe de ce sens, qu'on le tourmente de quelque manière que ce soit, ou qu'on le ramène à son état primitif, il n'y a ni douleur dans le premier cas, ni plaisir dans le second. Mais il y a dans l'un et l'autre des sensations très vives et très distinctes, suivant les impressions que l'organe reçoit, et les objets que le feu visuel, ὄψις, rencontre dans son émission. Un mot explique tous ces phénomènes : il ne faut aucune violence, soit pour diviser, soit pour réunir les parties du feu visuel (2).

D'après Platon, il y a cinq organes des sens, par conséquent cinq espèces d'impressions et cinq espèces de sensations. Nous allons les énumérer successivement.

1. *Timée*, p. 64,5.
2. *Ibid*.

Les sensations du toucher, que Platon étudie dans le *Timée*, p. 64, sont communes au corps entier ; ce sont, le *chaud* et le *froid*, *le dur* et le *mou*, le *pesant* et le *léger*, le *poli* et le *rude*.

Les sensations du goût sont de plusieurs genres ; de même celles de l'odorat, de l'ouïe et de la vue, sens qui ont leurs impressions dans *des parties spéciales de notre corps*.

L'organe du goût, c'est la langue.

Les sensations du goût, les saveurs, sont l'*aigre*, le *sur*, l'*amer*, le *salé*, le *piquant* et l'*acide*. Il faut y ajouter le doux, qui résume toutes les affections opposées aux précédentes.

L'organe de l'odorat, ce sont les narines. Les sensations de l'odorat, les odeurs, n'ont pas d'espèces déterminées. La raison en est simple ; l'odeur est une chose imparfaite, ἡμιγενές, et il n'est aucun corps dont les proportions soient telles qu'il doivent avoir une odeur quelconque.

L'organe de l'ouïe, ce sont les oreilles.

Les sensations de l'ouïe, les *sons*, sont le *grave*, et l'*aigu*, le *doux* et le *rude*, le *fort* et le *faible*.

En général, le son est une impulsion transmise par l'air à travers les oreilles, le cerveau et le sang, jusqu'à l'âme. Dès que le mouvement produit par l'impulsion arrive au foie, il y a impression ; dès que l'impression arrive à l'âme, il y a sensation.

L'organe de la vue, ce sont les yeux porteurs de la lumière, φωσφόρα ὄμματα, c'est le feu visuel, ὄψις.

Lorsque la lumière du jour rencontre le courant du

feu visuel, *le semblable s'unit à son semblable*, et ils forment, dans la direction des yeux un corps unique où se juxtaposent et se mêlent la lumière du dedans et celle du dehors. Ce corps lumineux éprouve les mêmes impressions dans toutes ses parties, *à cause de leur ressemblance* (1).

Les sensations de la vue, les couleurs sont le *blanc*, le *noir*, le *brillant*, le *rouge*, le *fauve*, le *roux*, le *jaune*, le *brun*, le *bleu*, le *vert*, et leurs nuances en nombre infini. Parmi ces particules lumineuses qui vont à la rencontre du feu visuel, les unes sont plus grosses que les parties mêmes de ce feu, d'autres plus petites, d'autres leurs sont égales. Celles-ci ne causent point de sensation, elles sont *transparentes*. Celles des deux premières parties causent des sensations très diverses.

Tels sont les sens, et leurs sensations respectives d'après Platon.

En outre, il déclare en termes exprès, que la connaissance sensible est proprement la sensation : « Quel nom donnes-tu à ces choses : *voir*, entendre, flairer ? — Sentir, car de quel autre nom les appeler, αἰσθάνεσθαι ἔγωγε τί γὰρ ἄλλο; (2) et il ajoute, comme pour rendre le doute impossible : « Tu comprends donc tout cela sous le nom général de *sensation*, σύμπαν ἄρ' αὐτὸ καλεῖς αἴσθησιν.

Quant au terme de φαντασία, Platon le comprend simplement comme la représentation sensible, la notion fournie par le sens, laquelle n'est elle-même que la sensation (3).

1. Platon, *Timée*, p. 48.
2. *Théétète*, p. 106.
3. *Ibid.*, p. 152.

Mais à ces deux facultés ne se borne pas l'activité de l'entendement.

Platon pense aussi que l'âme peut se connaître elle-même, comme elle peut connaître tout le reste. L'âme a donc la faculté de se contempler. Mais cette faculté n'a rien de commun avec la sensibilité ; l'âme, n'ayant aucune des qualités qui rendent le corps palpable et visible. Cette réflexion de l'âme sur elle-même est une intuition directe, qui ne passe par aucun intermédiaire sensible.

A ces premiers éléments d'une doctrine de la connaissance, s'ajoute une conception de la mémoire basée sur une comparaison. Nous la trouvons principalement dans *le Théétète*, p. 180 (1), dans un passage où Socrate compare l'entendement humain vierge de toute sensation à une tablette de cire sur laquelle rien n'aurait été encore gravé.

Et c'est cette comparaison célèbre qu'Aristote va reprendre après Platon comme point de départ de ses études sur la sensation.

Pour lui, la sensation est une connaissance, αἴσθησις, νῶσίς τις (2), et par conséquent la sensibilité, aussi bien

---

1. « Suppose avec moi, pour causer, qu'il y a dans nos âmes des *tablettes de cire*, plus grandes en celui-ci, plus petites en celui-là, d'une cire plus pure dans l'un, dans l'autre moins, trop dure ou trop molle en quelques-uns, en d'autres tenant un juste milieu. Disons que ces tablettes sont un présent de Mnémosyne, mère des Muses, et que tout ce dont nous voulons nous souvenir, entre toutes les choses que nous avons vues, ou entendues, ou pensées de nous-mêmes, nous l'y imprimons comme avec un cachet, tenant toujours ces *tablettes prêtes* pour *recevoir nos sensations et nos réflexions* : que nous nous rappelons et savons tout ce qui y a été empreint, tant que l'image en subsiste ; et que lorsqu'elle est effacée, ou qu'il n'a pas été possible qu'elle s'y gravât, nous l'oublions et nous ne le savons pas. »

2. Aristote, *De gen. an.* liv. III, chap. IX, p. 1.

que l'intelligence proprement dite, fait partie de la faculté plus générale de connaître, τὸ κριτικόν.

Ce qui prouve encore que la connaissance procède et de l'intelligence et de la sensibilité, c'est que les objets sont de deux sortes, ou sensibles ou intelligibles (1).

Or, de même que les objets intelligibles ne peuvent être connus que par l'intelligence, les objets sensibles ne peuvent être connus que par la sensibilité.

La sensation est le résultat de l'action de l'objet sensible sur l'organe sensible. Cette action atteint l'organe, soit directement à travers l'enveloppe que lui fait la chair, soit indirectement à travers le milieu qui la reçoit pour la transmettre. Elle le modifie en le faisant passer de la puissance à l'acte, c'est-à-dire, en le rendant effectivement semblable à l'objet auquel il ressemblait déjà virtuellement. Ainsi transformé, identifié à l'objet, le sujet homme ou animal, sent, c'est-à-dire touche, goûte, sent, entend et voit.

C'est parce que le sens est en puissance, l'objet sensible qu'il est capable de le sentir ; c'est encore par la même raison qu'il est capable d'en sentir les contrariétés, telles que le doux et l'amer, le grave et l'aigu, le blanc et le noir. En effet, c'est le propre de la simple puissance d'être comme en équilibre entre les deux contraires et de pouvoir devenir indifféremment l'un ou l'autre. Le sens se trouve être ainsi une sorte de moyen terme entre des extrêmes, qu'il est, à ce titre, apte à juger. Mais cela même ne lui permet pas d'apprécier les excès dans les qualités sensibles. Un son trop grave ou trop

---

1. *De anima*, liv. III, chap. IX, p. 1.

aigu, une saveur trop douce ou trop amère, échappent à l'ouïe et au goût. Une couleur trop brillante et trop vive empêche la vision. Une odeur trop forte n'arrive pas à l'odorat (1).

C'est que la sensation est un rapport. Lorsque le mouvement imprimé à l'organe est trop violent, le rapport est détruit et la sensation disparaît. Ainsi s'évanouit l'harmonie d'une lyre, dès qu'on en touche trop rudement les cordes (2).

Avant la sensation, l'objet est en acte, le sens est en puissance : il y a donc, entre l'objet et le sens, l'opposition de l'acte et de la puissance, et c'est cette différence qui fait que le second peut être modifié par le premier. Après la sensation, le sens est en acte comme l'objet, et ces deux actes n'en font qu'un : il y a donc identité entre le sens et l'objet, et la sensation est cette identité même (3).

Dans la sensation, le sens est identique à l'objet sensible, bien qu'il en soit distinct. Par exemple : « voici, une pierre, et je la vois ; à coup sûr ce n'est pas la pierre qui est dans mon œil et dans mon âme. Les objets extérieurs ont diverses grandeurs : je ne deviens pas plus ou moins grand avec eux. Je ne reçois donc pas la matière même des objets que je sens. Je n'en reçois pas non plus, comme le croyait Démocrite, des *images et des émanations*, εἴδωλα καὶ ἀπορροάς.

J'en reçois la *forme*, rien de plus, rien de moins. On

---

1. *De an* ; liv. III, ch. I, p. 18.
2. *De an* ; liv. III, ch. XII, p. 23.
3. *De anim.*, liv. II, ch. V, p. 7-14.

peut comparer l'organe du sens à la cire qui reçoit l'empreinte d'un anneau d'or ou de fer, sans devenir pour cela ni or ni fer (1). »

La sensibilité est comme la main ; la main est l'instrument des instruments ; la sensibilité est la forme des choses sensibles, ἡ αἴσθησις εἶδος αἰσθητῶν (2).

Aristote, comme Platon, identifie la connaissance sensible et la sensation.

Nous lisons dans un savant travail sur la « *Psychologie d'Aristote* » de *Waddington* : « Aristote a très bien connu, et même expliqué la fameuse distinction du fait intellectuel et du fait de sensibilité dans le phénomène complexe de la sensation. La langue grecque ne lui fournissait qu'un seul terme pour exprimer, d'une part, la perception ou connaissance sensible, et de l'autre, la sensation de plaisir ou de peine dont cette perception est accompagnée. Il a donc été obligé d'employer ce mot (αἴσθησις) dans deux sens très différents, mais sans jamais confondre une seule fois dans ses écrits l'impression de plaisir ou de peine avec le fait intellectuel. »

La sensation, en général, est une modification produite en nous par un objet extérieur. Lorsque la modification est soudaine et conforme à notre nature, il y a plaisir ; lorsqu'elle est soudaine et contraire à notre nature, il y a douleur. Le plaisir et la douleur s'ajoutent à la sensation, et ne la constituent pas.

Aristote, distinguant, d'une part, la sensation ; d'autre part, le plaisir et la douleur, ne fait que reprendre la

1. *De an.*, liv. II, ch. XII, p. 1.
2. *De an.*, liv. III, ch. IX, p. 2.

distinction de Platon entre : 1º des sensations proprement dites; 2º des sensations accompagnées de plaisir ; 3º des sensations accompagnées de douleur.

Pour Aristote, la sensibilité est nécessaire, mais insuffisante ; il faut le concours de la puissance imaginative. Grâce à cette nouvelle faculté, les sensations persistent en nous sous formes d'images. Or, ces images étant identiques aux sensations (on pourrait les définir des sensations sans matière), nous représentent explicitement les formes sensibles, implicitement les formes intelligibles, enveloppées dans les premières. C'est à ces images que s'applique l'intellect, qui ne sort pas de nous-mêmes. C'est en s'y appliquant qu'il pense l'intelligible, l'universel, le nécessaire (1).

Impossible de penser sans images. Les images sont à l'intellect ce que les corps sont aux sens ; elles déterminent l'intellection, comme ceux-ci la sensation (2).

L'intellect, comme les sens, est tour à tour en puissance et en acte ; passif ou patient, παθητικός, actif ou agent, ποιητικός. (3).

La vérité, c'est que l'intellect, qui n'est en acte aucun universel, est en puissance tous les universaux (4).

Il n'a aucune forme intelligible, mais il peut les recevoir toutes. Il est virtuellement semblable, non pas aux choses, non pas aux images, mais à ce qu'elles contiennent d'intelligible et d'universel.

Ce que la matière est à la forme sensible dans les

---

1. Aristote, *De an.*, liv. III, ch. IX, p. 3-4.
2. *De an.*, liv. III, ch. V, p. 2.
3. *De an.*, liv. III, ch. V et VI.
4. *De an.*, liv. III, ch. V, p. 14 ; ch. VI, p. 1.

corps, la forme sensible l'est à l'intelligible, à l'universel, dans les images (1).

La propre nature de l'intellect, c'est donc d'être *simplement possible* (2).

On peut le définir : *le lieu des formes intelligibles*, des idées, τόπον εἰδῶν (3).

On peut le comparer à une *tablette sur laquelle rien n'est encore écrit*, ὥσπερ ἐν γραμματείῳ, ᾧ μηδὲν ὑπάρχει ἐντελεχείᾳ γεγραμμένον (4).

L'intellect en puissance est seulement capable de concevoir tous les universaux ; l'intellect en acte les conçoit en effet, et, en les concevant, *il les crée*, pour ainsi dire, πάντα ποιεῖν (5).

Il les tire de la nuit où ils étaient comme ensevelis. Il fait pour eux ce que fait la lumière pour les couleurs (6).

On peut comparer l'intellect en puissance et l'intellect en acte à la matière et à la forme dans les objets. La matière est ce qui peut devenir toutes choses : tel est l'intellect passif, qui peut devenir tous les universaux. La forme est ce qui fait être toutes choses : tel est l'intellect agent, qui fait être tous les universaux (7).

Si nous quittons maintenant Aristote pour examiner les autres doctrines principales, sur le même sujet, nous y trouverons de nombreuses ressemblances avec le sensationisme péripatéticien ; mais, comme nous allons le

---

1. *De anim.*, liv. III, ch. V, p. 3.
2. *De anim.*, liv. III, ch. V, p. 5.
3. *Ibid*, p. 7.
4. *Ibid*, p. 14.
5. *De anim.*, liv. III, ch. VI, p. 4.
6. *Ibid*.
7. *Ibid*.

voir, si toute la philosophie postérieure s'en est inspirée dans ses grandes lignes, quelques philosophes en ont développé avec plus de précision les tendances — Épicure peut être compris dans ces derniers.

Pour lui, la partie raisonnable de l'âme comprend trois facultés, dont le propre est de discerner le vrai et le bien ; — trois Critères, κριτήρια, savoir : *la sensation :* αἴσθησις, l'Anticipation, πρόληψις ; la Passion, c'est-à-dire le plaisir et la douleur, πάθος (1).

La sensation et l'anticipation se rapportent à la faculté de connaître ; la passion à la faculté d'agir (2).

Toutes les représentations, soit celles des sens, soit celles de l'imagination (l'imagination n'est en elle-même qu'un sens interne), sont invariablement vraies (3).

D'abord, il n'y a dans la sensation, ni raisonnement, ni souvenir. La suprême garantie des sens est dans leur nature. Proprement, le sens perçoit l'objet présent, et ses propriétés, la couleur, par exemple ; il ne juge pas s'il est ceci ou cela. Or, s'il ne juge pas, il ne peut juger mal, il ne peut nous tromper.

Ensuite, rien ne peut réfuter la sensation. — Ni la sensation d'un autre sens semblable ; car deux sensations homogènes ont naturellement la même autorité, διὰ τὴν ἰσοσθένειαν. — Ni la sensation d'un sens différent ; car leurs jugements ne portent pas sur les mêmes objets, οὐ γὰρ τῶν αὐτῶν εἰσὶ κριτικαί. — Ni une autre sensation du même sens ; car nous avons également foi à toutes, πάσαις γὰρ προσέχομεν. — Ni le raisonnement : car

---

1. Diogène, *Laërc*, pass. 25.
2. Gassendi, *Phil. Epic. syntagma*, p. 120-125.
3. Diogène, *Laërc*, 26,4.

tout raisonnement procède des sens, πᾶς γὰρ ὁ λόγος ἀπὸ τῶν αἰσθήσεων ἤρτηται (1).

Enfin, on ne peut nier que nos impressions sensibles ἐπαισθήματα, n'existent bien réellement : preuve que les sens sont vrais. Celui qui voit ou entend, voit ou entend véritablement, de même celui qui jouit ou souffre, jouit ou souffre véritablement.

Les modifications du plaisir et de la peine sont produites en nous par des causes extérieures, et ont ainsi leur raison dans la nature. Le plaisir est l'effet d'objets plaisants, la peine, d'objets pénibles; car il n'est pas possible que ce qui cause du plaisir ne soit pas plaisant, que ce qui cause de la peine ne soit pas pénible : c'est, au contraire, une nécessité qu'il en soit de la sorte.

Il en est de même des modifications qui sont des représentations en nous d'objets extérieurs. Leur cause est de toute nécessité, un objet de nature à être représenté, φανταστόν, et il est impossible qu'il ne soit pas vis-à-vis de nous vraiment tel qu'il paraît dans la représentation. Ainsi, l'objet visible est véritablement visible, et l'est de la manière dont nous le voyons. Il en est de même de tous les objets sensibles. Toutes les représentations sont donc vraies.

Ainsi, les sens sont des témoins fidèles, et tout ce qui est sensible a une existence réelle. Nos premières et nos plus essentielles notions des choses nous viennent des sens, et sans eux nous ne pourrions rien savoir. Ils sont le principe de toute évidence et le fondement de toute certitude.

1. Épic., *Ap. Diog. Laert.*, p. 26, 11-20. — Lucr., ch. IV, p. 483-502.

Les sens supprimés, nous tombons, pour n'en plus sortir, dans les ténèbres sans fin, dans un doute sans remède (1).

Les sens ne sont donc pas seulement un *critère*, mais le *premier critère* de la vérité, celui sans lequel il n'y en a plus d'autre (2). *Car tout ce qui est dans l'âme à son origine dans les sens* (quidquid animo cernimus, id omne oritur a sensibus) (3).

Cette maxime ressemble beaucoup au fameux principe d'Aristote que Locke commentera: *Nihil est in intellectu quod non prius fuerit in sensu.*

Épicure a mis en lumière la véritable nature des sens qui exclut tout jugement sur la réalité; et se bornant à recevoir passivement les impressions des choses du dehors, ils ont chacun son objet propre, et ne peuvent ni se suppléer ni s'opposer. Surtout, il a nettement distingué l'opinion de la sensation, et ajouté un ingénieux chapitre aux recherches de ses prédécesseurs, en décrivant avec soin et exactitude les diverses circonstances où l'opinion est vraie, celle où elle est fausse.

En résumé, Épicure est, dans ses conclusions, d'accord avec Aristote. Après l'Épicurisme, nous pourrions passer au stoïcisme. Mais, comme nous trouvons dans cette doctrine des désaccords entre les divers partisans, nous croyons préférable de passer à Plotin, chez qui nous trouverons, du reste, la synthèse du stoïcisme avec toute la philosophie antérieure et principalement avec le platonisme.

1. Lucr., ch. IV, p. 508-515. — Cicér. *De finib.* liv. IX, ch. XIX.
2. *Épic. Ap.* — *Diog., Laert.*
3. Cicéron, *De finibus*, liv. I, chap. XIX.

D'après Plotin (1) deux choses sont évidentes : que l'âme sent, qu'elle sent par le moyen du corps. La sensation, étant la perception, ἀντίληψις, des objets sensibles, la sensation exige que l'âme devienne contiguë à ces objets, afin de partager leurs manières d'être, et d'être affectée en même temps qu'eux et de la même façon. Mais cette contiguïté ne peut s'établir qu'à l'aide d'instruments naturels, qui lui fassent suite, et la mettent en relation avec le dehors. De là, la nécessité des organes corporels (2).

Ainsi, la sensation est commune à l'âme et au corps; elle est proprement, avec la passion, la faculté du composé, c'est-à-dire de l'animal (3).

Un objet, un organe ; telles sont les conditions extérieures de la sensation. Suffisantes pour le sens du toucher, où il y a contact entre l'objet et l'organe, le sont-elles encore pour ceux où ce contact n'existe plus, pour la vue et pour l'ouïe ? Ou bien, ces sens réclament-ils une troisième condition, savoir, un intermédiaire ?

Il n'y a nul besoin d'un intermédiaire entre l'œil et la couleur ; s'il existe, c'est accidentellement, et il ne contribue en rien à la vision. Le roseau intermédiaire entre la torpille et la main n'éprouve pas l'impression qu'éprouve la main. Les organes sont modifiés *sympathiquement à leurs objets respectifs*, πάσχειν συμπαθῶς, parce qu'ils sont de nature analogue ; mais le milieu,

---

1. Pour l'exposé des théories psychologiques de Plotin, les conférences de M. Fr. Picavet à la Sorbonne, et à l'Ecole pratique des Hautes Etudes (1912-1913-1914-1915), nous ont fourni de précieuses indications.
2. *Enn.*, liv. IV, ch. V, p. 1.
3. *Enn.*, liv. Ier, ch. 1er p. 7 ; liv. IV, ch. III, p. 26.

étant d'autre nature, ne reçoit aucune modification, ou en reçoit une toute différente (1).

Plotin examine l'opinion de ceux qui rendent compte des phénomènes de la vue par l'air, l'intermédiaire, qui, d'abord modifié lui-même, transmet ensuite sa modification à l'organe et au sens. Mais, premièrement, où est la nécessité, pour que nous éprouvions une impression, que l'air l'ait auparavant éprouvée ? (2)

Si l'objet exposé aux regards opère un changement, qui empêche qu'il ne l'opère directement sur l'œil, sans le concours de l'air ? (3) Ensuite, si c'est parce que l'air a été probablement modifié que nous avons la sensation de la vue, il ne faut plus dire que nous voyons parce que nous regardons : nous voyons comme nous sentons la chaleur, par le contact de l'air intermédiaire ; la sensation de la vue est une sensation tactile. Or, cela est contraire aux faits ; on ne voit plus les objets, dès qu'ils touchent l'œil (4). La meilleure preuve que ce n'est pas au moyen de l'air modifié que nous voyons l'image des objets sensibles, et que leurs formes ne nous sont pas transmises par l'air, c'est que la nuit, dans l'obscurité, nous voyons les astres au ciel, et les feux allumés au sommet d'un phare. Or, on ne saurait soutenir que dans l'obscurité, les images des astres se transmettent de proche en proche jusqu'à ce qu'elles se trouvent en contact avec l'œil, puisque, dans cette supposition, chacun de points de l'air par où passeraient ces images

1. *Enn.*, liv. IV, ch. V, p. 1.
2. *Enn.*, liv. IV, ch. V, p. 2.
3. *Enn.*, liv. IV, ch. V, p. 2.
4. *Ibid.*

devrait être brillant. Si l'air est modifié, il l'est nécessairement à *la façon des corps, et, comme la cire, il reçoit une empreinte,* τύπον. Mais chaque partie de l'objet visible sera imprimée dans la portion correspondante de l'air, et alors la portion de l'air contiguë à l'œil, laquelle a juste la même étendue que la prunelle, ne recevra qu'une partie de l'empreinte totale de l'objet visible ; cependant, nous voyons chaque objet tout entier, et tous ceux qui sont placés dans l'air, les regards tournés vers lui, l'aperçoivent également. Ce qui prouve que la figure totale de l'objet est, pour ainsi dire, dans chaque parcelle de l'air. Dans la vision, dans la sensation, il n'y a rien qui ressemble à une modification corporelle, intervenant entre l'objet et l'organe ; le phénomène sensible est *l'effet de nécessités plus grandes, animiques, et d'un seul animal sympathique* (1).

Pour Plotin, l'imagination est en quelque sorte la terminaison naturelle de la sensation. Lorsque la sensation n'est plus, c'est par l'imagination que nous continuons de nous en représenter l'objet.

La notion sensible devient une image : ce que nous avons senti, et que nous ne sentons plus, nous l'imaginons (2).

En un sens, l'imagination appartient à la même âme qui sent, par son rapport à l'animal, sans pâtir à *l'âme sensible* ; en un autre sens ; elle est, comme la sensation elle-même, dans la dépendance de l'animal et du corps. Elle varie selon l'état de l'organisation. Le jeûne,

---

1. *Enn.*, liv., IV, ch. V, p. 3.
2. *Enn.*, liv. IV, ch. III, p. 29.

la satiété, l'amour, autant de circonstances qui la modifient. Quoi qu'il arrive dans la sphère organique et animale, elle en ressent le contre-coup (1).

Mais l'âme n'imagine pas seulement dans son rapport à l'animal, elle imagine encore dans son rapport au divin, et, comme il y a une imagination sensible, il y a une imagination intelligible (2).

En effet, l'imagination suit la pensée pure, νόησις, comme elle suit la sensation. Elle traduit nos conceptions en images, οἷον εἰκόνος οὔσης τοῦ διανοήματος. Il est bien vrai que la pensée pure ne peut sortir d'elle-même, et se manifester extérieurement ; mais la raison la développe et la fait pénétrer dans l'imagination, qui la réfléchit comme un miroir, ἔδειξε τὸ νόημα, οἷον ἐν κατόπτρῳ (3).

Lorsque ces deux imaginations s'exercent simultanément, il est impossible de discerner l'action de chacune. En effet, si elles s'accordent, l'imagination supérieure éclipse l'inférieure, comme une lumière plus brillante en efface une plus pâle ; et si elles sont en lutte, la plus forte offusque encore de son éclat la plus faible, qui reste cachée dans l'ombre. Dans tous le cas, il n'y a qu'une seule image (4).

Pour Plotin, d'une façon générale, les sensations ne s'effacent pas aussitôt de notre âme ; elles laissent un vestige, c'est-à-dire une image sensible ; c'est cette image qui devient le souvenir. L'image demeure-t-elle peu de temps en nous, la mémoire est faible ; au contraire, la

1. *Enn.*, liv. IV, ch. III, p. 30.
2. *Enn.*, liv. VI, ch. VIII, p. 3.
3. *Enn.*, liv. IV, ch. III, p. 31.
4. *Enn.*, liv. IV, ch. III, p. 31.

mémoire est plus heureuse, lorsque l'imagination est assez vigoureuse pour résister à toute espèce de trouble. La mémoire des sensations se rapporte donc à l'imagination sensible (1).

Proclus, de l'École d'Athènes, commente divers points de cette théorie de Plotin. D'après Proclus, la sensation nous met en relation avec les choses du dehors, par l'intermédiaire du corps et des organes, qui lui servent d'instruments. Les sens particuliers ne communiquent avec les *sensibles propres* qu'au moyen d'appareils particuliers, les yeux, les oreilles, etc. Et ils ne perçoivent leurs objets respectifs, que parce qu'ils en partagent sympathiquement les mouvements, *simul mota et compatiens* (2).

Il faut distinguer la sensation organique, τὸ αἰσθητήριον, et la sensation interne αἴσθησις. La première se rapporte à l'animal, et elle est une *passion*, περὶ τὸ ζῶον πάθος ; la seconde a l'âme, et elle est presque une connaissance, γνῶσις (3).

Il y a entre ces deux sortes de sensation un rapport invariable : l'une est la condition de l'autre. Qu'est-ce que la sensation organique ? — Une *passion*. Qu'est-ce que la sensation interne ? — La *connaissance des passions*.

Les sens particuliers nous font connaître les passions particulières ; le sens commun, leurs différences.

La sensation est une connaissance des corps, des

---

1. *Enn.*, liv. IV, ch. III, p. 28.
2. *Commentaire du Timée*, pp. 75, 77, 201. — Cf. de *Providentia et fato*, ch. X.
3. *Commentaire du Timée*, p. 76.

choses particulières et matérielles. Et elle n'atteint point la cause des corps ; elle s'arrête à leur existence ; elle ne pénètre pas jusqu'à l'essence des corps : elle s'arrête à leur forme (1).

Ainsi, la sensation nous dit bien : voici du blanc ; mais pourquoi cet objet est-il blanc, elle ne nous le dit pas.

Pour Proclus, d'une façon générale, la sensation appartient à tous les animaux ; elle est la *caractéristique* de la vie irraisonnable. Plus que toutes les autres parties de l'âme irraisonnable, elle refuse de se laisser persuader à la raison. La colère, l'appétit s'y soumettent, et en reçoivent une certaine éducation : la sensation point.

Proclus distingue à plusieurs reprises quatre espèces de principes ; 1° *les sensibles*, αἰσθητά ; 2° *les physiques*, φυσικά ; 3° *les psychiques*, ψυχικά ; 4° *les intellectuels*, νοερά. Or, il est certain que les sensibles sont l'objet de la sensation, et les psychiques de la science et du raisonnement. Donc l'opinion, intermédiaire entre la sensation et le raisonnement scientifique, se rapporte bien aux principes physiques.

Et Proclus en conclut dans son *De Prov. XXIV*, qu'un principe qu'on ne doit jamais perdre de vue. c'est que *le semblable ne peut être connu que par le semblable.*

Ainsi nul moyen de connaître les sensibles, si ce n'est la sensation ; les scientifiques, si ce n'est la science ; les intelligibles, si ce n'est l'intelligence.

Les successeurs de Proclus, Marinus, Damascius, Olympiodore, Simplicius, n'ajoutent rien à ses idées, et Proclus lui-même, comme nous avons vu. ne

---

1. *Commentaire du Timée*, p. 76.

modifie pas essentiellement les principes du Plotin.

Après avoir énuméré et exposé sommairement les doctrines philosophiques anciennes, qui ont pu avoir une influence sur Locke, il nous reste à exposer de même les sources médiévales du sensationisme de Locke.

Saint Tomas reste fidèle à l'enseignement d'Aristote et part du principe péripatéticien : *Nihil est in intellectu quod non prius fuerit in sensu.* Ce principe, il le répète fréquemment comme une maxime fondamentale. Il admet la table rase d'Aristote et par conséquent il faut que tout passe par les sens : *Dicendum, quod naturalis nostra cognitio a sensu principium sumit* (1).

Les sens et la sensation ne sont pas simplement, pour saint Tomas, les conditions, les causes occasionnelles de nos connaissances spirituelles. Il s'en explique de la manière la plus formelle dans le quatrième article de la question quatre-vingt-quatrième de *la Somme*.

« Si l'on dit que notre âme a besoin des sens pour comprendre, et qu'ils sont des excitateurs qui la portent à diriger son attention vers les objets dont elle a reçu les espèces intelligibles par le moyen des principes séparés, ce n'est pas attribuer aux sens une action suffisante... Si on dit encore, ajoute-t-il un peu plus bas, que les sens sont nécessaires à l'âme, parce qu'ils l'excitent à se tourner vers l'intelligence active dont elle reçoit les espèces, cette hypothèse est encore insuffisante (2). »

Dans le langage de saint Thomas, les espèces intel-

---

1. *Pars prima*, p. 84, art. 3.
2. *Pars prima*, p. 84, art. 4.

ligibles sont les idées intellectuelles, et les principes séparés désignent les substances dégagées de toute manière, qui pourraient par elles-mêmes communiquer la vérité à l'âme.

Saint Thomas fait aux sens une part très importante ; il leur attribue un rôle considérable. *Les choses sensibles*, dit-il, *sont, en quelque sorte, la cause matérielle, ou la matière de la connaissance intellectuelle* (1). Les sens nous fournissent donc la matière de toutes nos connaissances spirituelles. Comme Aristote, il attribue à l'intelligence une part très considérable, la part principale dans la formation de nos connaissances spirituelles (2).

Il déclare que les choses sensibles ne sont pas la cause parfaite et totale de la connaissance intellectuelle : « Intellectiva cognitio fit a sensibili, non sicut a perfecta et totali causa, sed potius sicut a materia causæ » (3).

Nos sens reçoivent l'impression des objets ; ces impressions sont des images des objets que saint Thomas, avec toute la philosophie du moyen âge, appelle *espèces sensibles*.

Ces images, ces formes sensibles, sont transmises par les sens extérieurs au sens interne et commun qui les accueille et les réunit dans une certaine unité. La fantaisie ou l'imagination sert à retenir ces formes sensibles ; la mémoire, à les conserver. Ces facultés communiquent ensuite les formes au jugement, qui, en établissant entre elles des comparaisons, apprécie leurs *intentions* ou *qualités* (4).

1. *Pars prima*, q. 84, art. 6.
2. *Pars prima*, q. 84, art. 6.
3. *Ibid.*
4. *Pars prima*, q. 78, art. 4.

Ces diverses facultés, le sens commun ou interne qui recueille dans l'unité d'impression la diversité des sensations, l'imagination qui les retient, la mémoire qui les conserve, le jugement qui les compare, appartiennent à l'intelligence passive. Saint Thomas remarque, en effet, que penser étant éprouver ou souffrir quelque chose, c'est avec raison qu'on considère l'intelligence comme passive ; *cum intelligere sit quoddam pati, intellectus est potentia passiva* (1).

Saint Thomas définit la sensation, *receptio par animam sensitivam speciei sensibilium.* Ces espèces sont, en quelque sorte, spiritualisées dans l'âme : « La forme sensible existe d'une manière dans la chose extérieure à l'âme, et d'une autre manière dans le sens interne, qui reçoit les formes sensibles sans matière, ainsi la couleur de l'or sans l'or lui-même » (2).

Voilà la matière sur laquelle va s'exercer l'activité de l'âme ; — la matière d'où elle va extraire ses connaissances spirituelles, des images sensibles, en quelque sorte dégagées de matière. L'intelligence active va s'appliquer à ces images ; elles les rendra intelligibles ; *facit phantasmata a sensibus accepta intelligibilia ;* et, par elles, dans un objet particulier, elle apercevra la nature universelle : « Necesse est ad hoc quod intellectus actu intelligat suum objectum proprium, quod convertat se ad phantasmata, ut speculetur naturam universalem in particulari existentem » (3).

1. *Pars prima*, q. 79, art. 2.
2. *Pars prima*, q. 84, art. 1.
3. *Pars prima*, q. 84, art. 7.

L'objet propre de l'intelligence, c'est l'universel, le nécessaire, l'absolu, l'immuable, le parfait. Saint Thomas tient ici le langage de saint Augustin, d'Aristote, de Platon.

Ainsi, d'après la philosophie péripaticienne du moyen âge, toutes les idées universelles, tous les premiers principes qui sont dans l'intelligence, proviennent des sensations et du travail de l'intelligence sur les sensations.

Donc saint Thomas est disciple d'Aristote ; il emprunte à son maître une théorie de la connaissance qui admet les données sensibles comme base de l'activité intellectuelle.

Quant à cette activité elle-même, elle fait partie de l'intellect actif universel. Ainsi nous retrouvons dans tous les textes de saint Thomas que nous venons de citer en exposant ses théories sur la sensation les formules principales d'Aristote. Mais les théories sensationistes de saint Thomas, comme nous venons de le voir, sont disséminées dans toute son œuvre. — C'est chez son disciple Aegidius Colonna, que nous allons en trouver une remarquable synthèse (1).

Pour lui, l'âme est intermédiaire entre les « substances séparées » qui sont éternelles et les choses sensibles soumises à la durée. Tandis que Dieu occupe le premier

---

1. Aegidius Colonna, appelé aussi du lieu de sa naissance Aegidius Romanus, est un philosophe et théologien des XIIIe et XIVe siècles (né en 1247 et mort en 1316). Il reçut le surnom de *Doctor fundatissimus* et de *Princeps theologorum*. Il avait suivi à Paris les leçons de saint Thomas d'Aquin et celles de saint Bonaventure. Il devint précepteur du prince qui, plus tard, porta le nom de Philippe le Bel, enseigna la philosophie et la théologie à l'Université de Paris, et, en 1294 fut nommé archevêque de Bourges.

rang dans l'ordre des substances séparées, notre entendement en occupe le dernier.

Il peut donc atteindre immédiatement les intelligibles et les choses sensibles. Mais au début il se trouve vis-à-vis des intelligibles comme la matière est vis-à-vis des êtres ; il faut, pour que *l'intellection* se produise, que l'entendement se base sur des données sensibles, et c'est en ce sens — celui de saint Thomas — qu'on peut comprendre la formule d'Aristote : « rien n'est dans l'entendement qui n'ait été auparavant dans les sens. »(1)

Et cette proposition s'applique à l'entendement entier, aussi bien à l'intellect actif qu'a l'intellect passif. Néanmoins, et la comparaison va résumer le point important de cette théorie, on peut dire que l'intellect actif est aux images ce que la lumière est aux couleurs. De même que, sans la lumière on ne distinguerait point de couleurs, de même sans l'intellect actif les données des sens ne donneraient naissance à aucune idée.

Nous nous bornons à appeler l'attention sur cette comparaison que nous avons trouvée chez Aristote. Elle est passée dans la tradition et se retrouve chez Locke sous une forme analogue à propos de la lumière naturelle.

Nous reviendrons plus loin sur ce point, lorsque nous aurons exposé la théorie sensationiste de Locke à laquelle nous allons passer.

---

1. Respondeo dicendum quod, ut supra letigimus: anima est creata in Orizonte æternitatis, ut posuerunt Philosophi : Est enim media inter substantias separatas, quæ sunt æternæ, et ista sensibilia : ideo utroque modo, est apta, nata perfici per sensibilia, et par substantias separatas. Tenet ergo Deus primum locum in genere substantiarum separatarum, et intellectus noster tenet infinimum.

Suivant Locke, l'expérience est la seule source où l'homme puise les éléments de son savoir ; elle est extérieure ou intérieure ; et par conséquent il n'y a que deux sortes d'idées, celles qui viennent de l'expérience extérieure, c'est-à-dire *des sensations* et celles qui viennent de l'expérience intérieure, c'est-à-dire de la *réflexion* ou de la conscience. Les objets des premières sont toutes les choses matérielles ; les objets des secondes sont les facultés de l'âme par lesquelles elle pense, perçoit, doute, etc.

Les idées simples constituent toute la matière du savoir humain ; attendu que toutes les idées composées peuvent être réduites aux idées simples. L'esprit

Sic enim se habet intellectus noster ad intelligibilia, sicut se habet materia ad entia.
Et sicut materia est potentia pura in genere entium sic intellectus noster est potentia pura non simpliciter, sed in genere intelligibilium. Propter quod est omnia fieri quantum ad intelligibilia et in sui primordio est sicut *tabula rasa*, inqua nihil est pictum, et quia intellectus noster est medius inter intellegibilia et sensibilia attingens immediate utraque : ideo utroque modo habet perfici: Aliter tamen, et aliter quia per sensibilia est aptus, natus perfici naturaliter. Nam cum anima intellectina per suam essentiam, et naturam sit forma corporis : cum corpus sit propter animam, non econuerto datum est ei corpus et dati sunt ei sensus corporales, ut perficiatur per illos etiam quantum ad intellectum. Et ideo ait Philosophus, *quod nihil est in intellectu, quod prius non fuerit in sensu.*
Est ergo sensus prima causa ipsus intellectus, ut nihil veniat ad intellectum nisi transeat per sensum quod declarat tam intellectus agens, quam intellectus possibilis. Intellectus enim agens, qui est omnia facere, comparatur ad phantasmata sicut lux ad colores : cum colores nullo modo sint visibiles, nisi per lucem. Sed si lux illa, per quam intelligit intellectus noster omnia intellegibilia, cuius est intellectus agens, qui est omnia facere : primo irradiat super phantasmata, que sunt accepta a sensibus, et ipsa secundum se sunt sensibilia, naturaliter nihil poterimus cognoscere, nisi prout habet ortum a sensibus. Erit ergo nostra cognitio naturalis, quod sensibilia naturaliter, in mutabunt sensus, et sensibus immutatis fiet in nobis phantasmata sensibilia, quæ ilustrata per lumen intellectus agentis immutabunt intellectum possibilem, patet ergo ex parte ipsius luminis intellectus agentis, quod nihil cognoscimus naturaliter, nisi, ut habet ortum a sensibus (Ægidius Colonna, *Secundum librum Sententiarum Quæstiones*, art. I, dist. XXVIII, quæst. I, p, 360).

ne renferme en lui-même aucune idée simple, et il ne saurait en produire aucune. Il les reçoit toutes, telles qu'elles lui sont offertes, sans y pouvoir rien changer. Les idées simples proviennent des perceptions d'un seul *sens*, ou des perceptions réunies de plusieurs *sens*. Ainsi les idées des couleurs et de la lumière proviennent des seules *sensations visuelles*, celles des odeurs du sens de l'odorat, et celles des saveurs du goût. Il en est de même des sons. Au contraire, les idées de l'étendue et de la figure sont également produites par la vue et par le tact.

Pour Locke l'âme est primitivement comparable à une *table rase* (*tabula rasa*), vide de tous caractères, sans aucune idée quelle qu'elle soit. Les observations que nous faisons sur les objets extérieurs et sensibles, ou sur les opérations intérieures de notre âme, que nous apercevons, et sur lesquelles nous réfléchissons, nous-mêmes, fournissent à notre esprit les matériaux de toutes nos pensées. Et nos *sens* étant frappés par certains objets extérieurs, font entrer dans notre âme plusieurs perceptions, distinctes des choses, selon les diverses manières, dont ces objets agissent sur nos *sens*.

C'est ainsi que nous acquérons les idées que nous avons du *blanc*, du *jaune*, du *chaud*, du *froid*, du *dur*, du *mou*, du *doux*, de l'*amer*, et de tout ce que nous appelons *qualités sensibles*. Nos *sens*, dit Locke, font entrer toutes ces idées dans notre âme, et par là il entend qu'ils font passer des objets extérieurs dans l'âme, ce qui produit ces sortes de *perceptions*. Et comme cette grande source de la plupart des idées que nous avons, dépend entièrement de nos *sens*, et se communique à l'entendement par leur moyen, il l'appelle *sensation* (1).

Pour Locke, les objets extérieurs fournissent à l'esprit les idées des *qualités sensibles*, c'est-à-dire toutes ces différentes perceptions que ces qualités produisent en nous, et l'esprit fournit à l'entendement les idées de ses propres opérations. Locke préconise le soin qu'on peut prendre d'examiner ses propres pensées, et de porter une attention constante sur son esprit pour considérer tout ce qui s'y passe — si toutes les idées originales qui y sont viennent, d'ailleurs que des objets de ses *sens*, ou des opérations de son âme, considérées comme des objets de la réflexion qu'elle fait sur les idées qui lui sont venues par les sens; — et il conclut que chacun, après y avoir bien pensé, sera de son avis, qu'il n'y a pas d'autres idées dans l'esprit, que celles qui ont été produites par *les sensations et la réflexion* (2).

Le plaisir et la douleur pour Locke sont deux idées dont l'une ou l'autre se trouve jointe à presque toutes nos idées, tant à celles qui nous viennent par *sensation*, qu'à celles que nous recevons par *réflexion* ; et à peine y a-t-il aucune perception excitée en nous par l'impression des objets extérieurs sur nos sens, ou aucune pensée renfermée dans notre esprit, qui ne soit capable de produire en nous du plaisir ou de la douleur. Locke entend par *plaisir* et *douleur* tout ce qui nous plaît ou nous incommode, soit qu'il procède des pensées de

1. *Essai*, liv. II, ch. Ier.
2. *Essai*, liv. II, ch Ier.

notre esprit, ou de quelque chose qui agisse sur nos corps (1).

Et d'une façon générale, si on examine les idées les plus intellectuelles pour Locke, on constate qu'il les fait toutes dérivées à l'origine de la *sensation* et de la *réflexion*. L'idée de l'espace ou de l'étendue provient des sensations de la vue et du tact. L'expérience nous enseigne que nous voyons avec les yeux une étendue colorée, que nous touchons avec nos mains une étendue solide. L'idée d'espace nous vient donc des sensations. En rentrant en nous-mêmes, nous éprouvons une série non interrompue de modifications qui se succèdent ; de là, l'idée de la durée et du temps. Ainsi les deux principales notions de la métaphysique, l'espace et le temps, dérivent de l'expérience : la première de l'expérience externe, la seconde de l'expérience interne.

Les idées de l'espace, du temps, de l'unité, du nombre, de l'identité, de la diversité, du fini, de l'infini dérivent donc, selon Locke, de *la sensation* et de *la réflexion*.

Mais lui demande-t-on, quelle est l'origine de l'idée de substance ? Voici sa réponse :

« J'avoue, dit-il, qu'il y a une idée qu'il serait avantageux aux hommes d'avoir, parce qu'elle est le sujet général de leurs discours, où il font entrer partout cette idée comme s'ils la connaissaient effectivement ; je veux parler de l'idée de *la substance*, que nous n'avons ni ne pouvons avoir par voie de sensation ou de réflexion. Si la nature se chargeait du soin de nous

1. *Essai*, liv. II, ch. VII.

donner quelques idées, il y aurait sujet d'espérer que ce seraient celles que nous ne pouvons pas acquérir nous-mêmes par l'usage de nos facultés.

Mais nous voyons, au contraire, que l'idée de substance ne nous parvenant pas par les mêmes voies que les autres, elle ne nous est pas distinctement connue, de manière que le mot *substance* n'emporte autre chose à notre égard qu'un certain sujet indéterminé que nous ne connaissons point, c'est-à-dire quelque chose dont nous n'avons aucune idée particulière, distincte et positive, mais que nous regardons comme le soutien ou *substratum* des idées que nous connaissons (1). »

La substance ne peut donc être connue ; c'est une idée confuse.

Suivant Locke, nous connaissons notre existence propre par *intuition*, celle de Dieu par *démonstration*, et celle de tout le reste par *sensation*.

Pour ce qui est de notre existence, nous l'apercevons avec tant d'évidence et tant de certitude, que la chose n'a pas besoin d'être démontrée et ne peut l'être.

Notre existence ou l'existence de notre *moi* est donc pour Locke une vérité primitive. — Je pense, dit-il, je raisonne, je sens du plaisir et de la douleur ; aucune de ces choses peut-elle n'être plus évidente que ma propre existence ?

Quant à l'existence des corps, dit Locke, outre que les *sens* eux-mêmes nous assurent qu'ils ne se trompent point dans leur témoignage, nous avons encore quelques autres raisons de nous confirmer dans cette assurance.

1. *Essai*, liv. I, ch. III, § 18.

Premièrement, il est certain que nous ne pouvons avoir *des sensations ou des idées sensibles qu'au moyen de nos sens* ; témoins les aveugles-nés et les sourds qui n'ont aucune idée des sons et des couleurs ; en fermant les yeux, tous les objets visibles disparaissent pour nous.

Secondement, les fantômes de l'imagination se distinguent très bien des sensations. Il y a, dit-il, une grande différence entre les idées qui s'introduisent en nous par force et celles que nous conservons dans notre mémoire et dont nous pouvons nous servir ou ne pas nous servir à volonté. Il faut donc qu'il y ait là quelque cause extérieure dont nous ne pouvons vaincre la puissance.

Troisièmement, on peut dire que le plaisir et la douleur qui accompagnent une sensation actuelle n'accompagnent pas le retour de ces idées lorsque les objets extérieurs sont absents.

Quatrièmement enfin, nos sens se rendent mutuellement témoignage de l'existence des choses extérieures, tel par exemple, le rôle du tact et de la vue dans la formation de l'idée d'espace.

Telle est dans ses grandes lignes la théorie sensationiste de Locke.

Si nous en reprenons maintenant l'exposition en la comparant avec les différentes doctrines que nous avons examinées précédemment, nous allons pouvoir discerner quelle part Locke accepte de la tradition philosophique et par suite quelle est la partie originale dans son ouvrage.

Tout d'abord nous voyons que la direction générale de sa pensée n'est autre que la direction traditionnelle depuis Platon — de toute recherche philosophique.

Cette marche du raisonnement consiste à prendre pour point de départ l'existence du moi pour s'élever à la connaissance du monde extérieur. Or, pour Locke comme pour Platon, nous connaissons notre propre existence par une intuition immédiate. Cette intuition est en quelque sorte le moyen terme entre l'activité intellectuelle, — l'expérience intérieure, — et la perception du monde extérieur — l'expérience sensible.

Nous reconnaissons dans ce processus logique la grande distinction que depuis Platon et Aristote, et surtout *Plotin*, toute philosophie établit entre l'ordre sensible et l'ordre intelligible, le premier étant perçu par la sensation, le second par l'activité intérieure de l'esprit à laquelle Locke donne le nom de *réflexion*. Ce terme peut être rapproché dans la signification que lui accorde Locke de l'intelligence de Platon, de l'intellect actif d'Aristote et des péripatéticiens anciens et médiévaux — surtout comme nous l'avons vu de saint Thomas et d'Aegidius Colonna — on peut le comparer à ce qu'Épicure entend par anticipation ; — enfin il correspond à ce que Plotin comprend par imagination intelligible et Proclus par sensation interne αἴσθησις distinguée de l'αἰσθητήριον, ou sensation organique. La sensation, au contraire, est pour Locke quelque chose de passif *merely passive* que nous pouvons comparer plutôt à l'intellect passif d'Aristote.

C'est la sensation qui nous donne la perception du monde extérieur.

Nous avons vu plus haut que Locke admet formellement l'existence extérieure des objets de la sensation. Il est vrai que s'il semble sur ce point donner son adhésion à cette affirmation d'Aristote et d'Épicure, il hésite parfois à exprimer des conclusions bien nettes. Sans doute, les idées simples sont pour lui des copies de ce qui existe en dehors de nous, mais il s'empresse de dire que ce ne sont peut-être pas des copies fort exactes.

En plusieurs passages, il rappelle Platon et présage Kant — en un mot, des tendances idéalistes se montrent chez lui. Mais ce ne sont là que des tendances confuses — beaucoup moins fréquentes chez lui que l'affirmation de l'existence du monde extérieur, aussi précise que chez Aristote et Épicure.

Si nous précisons maintenant le rôle qu'il accorde à la sensation dans la connaissance — nous voyons qu'il s'inspire largement des développements médiévaux de la pensée de Plotin.

Il considère l'âme au début de son activité comme une table rase — reprenant ainsi la comparaison célèbre.

La réflexion, c'est-à-dire ce qu'on peut considérer comme vraiment actif dans l'entendement, la réflexion, disions-nous, ne pourra s'exercer et produire ainsi la connaissance qu'en s'appuyant sur les données de la sensation.

C'est donc la sensation qui met en action l'activité intellectuelle. Et par là on peut dire que Locke est décidément sensationiste.

Mais en considérant chez Locke ce rôle primordial de

la sensation dans la connaissance, il faut se garder d'oublier que l'entendement joue pour lui un rôle supra-empirique. Si le rôle de la sensation est primordial il n'exclut pas celui des facultés innées et de l'activité intellectuelle, — de la réflexion. Et si nous regardons cette théorie de ce point de vue, nous pouvons dire de Locke qu'il a subi fortement l'influence indirecte d'Aristote et de Plotin par les philosophes médiévaux et principalement par saint Thomas et ses successeurs. Son originalité a été d'apporter aux questions touchant la théorie de la connaissance quelques solutions précises grâce à ses recherches et à ses observations.

Mais ce serait mal le comprendre que d'en faire un sensationiste exclusif. Dans un chapitre suivant nous montrerons, au contraire, qu'on trouve disséminée à travers son œuvre une conception toute médiévale d'un monde intelligible. Nous ne pouvions ici qu'effleurer ce sujet.

CHAPITRE IV

Les qualités primaires et secondaires chez Locke.

Exposé de la question. — Historique des solutions qu'y ont apportées les principales doctrines : dans l'antiquité. — Leucippe et Démocrite posent le problème de la même façon que les Éléates. — Ils la résolvent par l'atomisme. — Les Phénomènes correspondant à ce que nous appelons qualités secondaires sont des modifications du sujet sentant. — Ils sont subjectifs ; les seules qualités primaires ont une réalité objective. — Épicure et Lucrèce proposent la même distinction que Démocrite. — Aristote : sa doctrine entre les données sensibles fournies par un seul sens et les données sensibles fournies par plusieurs sens à la fois. — Sensibles propres et sensibles communs. — Origine et exposé de la théorie médiévale des espèces. — Saint Thomas et Duns Scot. — Jean de la Rochelle. — Théorie des intermédiaires entre l'objet et le sens. — Idées de Locke comparées aux deux théories précédentes. — Le Principe d'individuation et la quantité dimensive chez saint Thomas, Galilée, Descartes et Locke. — Exposition détaillée de la doctrine de Locke sur les points principaux de la question, des qualités primaires et secondaires. — Résumé des sources médiévales de cette doctrine : Jean de la Rochelle, saint Thomas et Duns Scot. — Ce que Locke a ajouté aux découvertes de ses prédécesseurs médiévaux.

Nous nous proposons de faire dans ce chapitre l'historique des doctrines sur les qualités primaires et secondaires des corps jusqu'à la théorie que Locke a établie dans son *Essai sur l'entendement humain*. — Nous exposerons ensuite cette théorie en recherchant ce qu'elle doit aux théories antérieures et aussi quelle est son importance et son originalité.

L'histoire de l'idéalisme (1), commence par la distinction des qualités *primaires* et des qualités *secondaires* des objets extérieurs. Les qualités *primaires* sont celles, que nous croyons leur appartenir réellement et qu'il semble impossible de leur refuser sans nier qu'ils existent, comme l'étendue et le mouvement. Les qualités *secondaires* sont celles que nous considérons également comme constitutives des corps, alors qu'elles ont leur origine dans les sensations produites en nous par les qualités primaires : telles sont la couleur, la saveur, l'odeur, la chaleur. Cette importante et capitale distinction des qualités primaires et des qualités secondaires remonte à Démocrite, elle a été reprise dans l'antiquité et surtout dans le moyen âge, et c'est par l'intermédiaire des philosophes médiévaux que Descartes et Locke l'ont connue (2).

Démocrite (3) morcela l'être un continu et immobile des Éléates en innombrables atomes discrets, figures et mobiles. En même temps, il y joignit le vide, afin qu'ils

---

1. Nous prenons ce mot Idéalisme dans le sens de distinction nette entre l'activité intellectuelle qui s'exerce sur les données sensibles et ces données sensibles elles-mêmes.

2. Nous lisons dans une note de *la Philosophie des Grecs*, de Zeller, t. II, de la trad. franç., p. 300, que l'on rencontre chez les atomistes pour la première fois, la distinction entre les qualités primaires et secondaires, établie plus tard par Locke.

3. Benjamin Lafaist dans sa *Dissertation sur la Philosophie atomistique* (Paris, 1833), se propose de reconstruire à l'aide de textes positifs l'un des systèmes philosophiques les plus célèbres de l'antiquité, le système atomistique. Ce travail se divise en deux parties. La première comprend la vie de Leucippe et l'exposition de sa philosophie ; la seconde, la vie de *Démocrite* et le tableau des progrès qu'il fit faire à l'atomisme (p. 73, 74, 85, 86, 91).

puissent se rapprocher et s'éloigner les uns des autres, se réunir et se séparer.

Nombre, figure et mouvement lui parurent des attributs que la raison est obligée de leur reconnaître pour établir un lien entre l'apparence et la réalité, pour fonder la science.

Aux corps, assemblages d'atomes, se rapportent d'autres qualités, la couleur, la saveur, l'odeur, etc.., qui dépendant des sens, varient selon l'organisation, le sexe, l'âge, le tempérament, l'état physiologique des individus par qui elles sont perçues. Ces qualités purement sensibles ne représentent pas la vraie nature des choses et ne sauraient appartenir aux éléments matériels. Il n'y a réellement dans les objets, disait Démocrite, que les atomes avec leurs formes et leurs proportions ; c'est l'opinion qui y met le doux et l'amer, le chaud et le froid et les diverses couleurs (νόμῳ γλυκύ, νόμῳ πικρόν, νόμῳ θερμόν, νόμῳ ψυχρόν, νόμῳ χροιή).

Démocrite avait donc distingué entre les phénomènes qui se déploient dans le champ de l'espace ou sous la condition de l'étendue, et ceux qui correspondent à ce que nous appelons actuellement les *qualités secondaires*. Il pensait que ceux-ci ne sont que des modification du sujet sentant ; qu'il résultent seulement de la manière dont nos sens sont affectés par la présence des objets extérieurs ; le miel, par exemple, n'est par lui-même ni doux, ni acide ; mais il produit sur l'organe du goût une impression à laquelle nous donnons le nom de *doux*, et de là vient que cette impression varie, suivant les individus ; il en est de même des couleurs, des sons, des odeurs, etc... Les perceptions du tact nous introduisent seules dans les propriétés réelles des objets (1). Selon Démocrite l'image des atomes et des propriétés qui leur appartiennent parvient à notre âme, pure et sans mélange ; mais, dans les sensations qu'elle produit, elle s'unit et se confond avec l'affection qu'éprouve l'organe ; celle-ci trouble et obscurcit celle-là. La première exprime donc les choses réelles ; la seconde réprésente l'action que ces choses ont exercée sur nous (2).

Après Démocrite (3), Épicure conserva la distinction des qualités primaires et des qualités secondaires qui devint celle des qualités essentielles aux éléments et des qualités acquises par les composés. Celles-ci appartenaient réellement aux corps, comme celles-là aux atomes. Mais les qualités des atomes étaient invariables, tandis que celles des corps naissaient et changeaient comme les corps eux-mêmes.

Lucrèce, exposant la doctrine d'Épicure, invoque l'expérience pour montrer que la couleur est dans les corps un effet de leur composition, qu'elle y résulte des formes, des situations, des propositions et des mouvements des atomes. La couleur des composés, dit-il, ne peut venir de celle des éléments ; si elle en venait, elle ne varierait pas, car il faut que les éléments soient immuables, sans quoi l'univers serait anéanti. Or, nous les voyons varier, devenir tout à coup d'un blanc de marbre ; donc elle est produite par l'ordre et

---

1. Aristote, *De sensu ac sensibili*, cap. 4, à propos de Démocrite.
2. Aristote, *De sensu ac sensibili*, cap. 4. — *Sextus Empiricus Adversus logic.*, § 13-15. — *Hypoth. Pyrrh.*, ch. 1 § 213.
3. Ch. Lévêque, *L'Atomisme grec et la métaphysique* (*Revue philosophique*, 1878).

les rapports des éléments, et ses variations sont dues à l'altération de cet ordre et de ces rapports (1).

Lucrèce fait en outre remarquer, que les couleurs s'éteignent peu à peu et tendent à s'évanouir à mesure que diminue le volume des parties en lesquelles un corps est divisé ; d'où on peut légitimement inférer que les atomes, qui sont les plus petites parties des corps, doivent être absolument incolores (2).

C'est donc uniquement par l'expérience sensible et l'induction qu'Épicure et ses disciples sont conduits à refuser la couleur aux atomes.

Nous saisissons ainsi la distinction nette établie par l'école atomiste entre les qualités primaires et les qualités secondaires : voyons ce que cette distinction devient chez Aristote.

Ainsi nous pourrons suivre plus aisément au moyen âge le développement de ces idées connues par l'intermédiaire d'Aristote.

Aristote établit d'abord que, parmi les physiologues,

<pre>
  1. Omnis enim color omnino mutatur in omnes
     Quod facere haud ullo debent primordia pacto.
     Immutabile enim quidam superare necesse est,
     Ne res ad nihilum redigantur funditus omnes...
     Prœterea, si nulla coloris principiis est
     Reddita natura, at variis sunt prœdita formis
     Et quibus omnigenos gignunt variant que colores
     Dicere enim possis nigrum, quod sœpe videmus,
     Materies ubi permista est illius, et ordo
     Principiis mutatus, et addita demptaque quædam
</pre>
Lucrèce, *De natura rerum*, liv. II, ch. V, 748, éd. D. Lambino. Parisiis, 1565.
<pre>
  2. Quin etiam quanto in partes res quæque ne minutas
     Distrahitur magis, hoc magis est ut ceruere possis
     Evanescere paulatim stinguique colorem ;
     Ut fit ubi in parvas partes discerpitur aurum
     Filatim cum distractus disperditur omnis :
     Noscere ut hinc possis, prius omnem efflare colorem
     Particulas, quam discedant ad semina rerum.
</pre>
De natura rerum, liv. II, ch. V, 825.

ceux-là se trompent qui disent que « sans la vue, il n'y a rien de blanc ni de noir et sans le goût point de saveur (οὔτε λευκόν, οὔτε μέλαν ἄνευ ὄψεως, οὐδὲ χυμὸν ἄνευ γεύσεως) ; ils confondent ce qui est en acte et ce qui est en puissance, ils ont raison quant au fait de la sensation ; ils ont tort quant à la propriété d'être senti ».

Selon Aristote, toutes les idées que nous avons des qualités corporelles viennent des sens. Les qualités réelles et absolues de Démocrite, — nombre, figure, mouvement — sont des données sensibles au même titre que ses qualités apparentes et relatives, — couleur, saveur, odeur.

La seule différence qu'il y ait entre les unes et les autres, c'est que chacune des secondes nous est donnée par un sens spécial et unique, et chacune des premières par plusieurs sens. En d'autres termes, toutes les qualités des corps, sont également objets des sens ; parmi ces objets, l'observation montre qu'il en est de propres (ἴδια) et qu'il en est de communs (κοινά).

« J'appelle propre, dit Aristote, ce qui ne peut pas être senti par un autre sens, et ce sur quoi le sens ne peut se tromper : par exemple, la vue s'applique à la couleur, l'ouïe au son et le goût à la saveur.

Chaque sens discerne (κρίνει) entre ces diverses qualités soit l'objet coloré, soit l'objet sonore et le lien où il se trouve. Ce sont là des objets propres à chaque sens.

Ceux qui sont communs sont le mouvement, le repos, le nombre, la figure, la grandeur (κίνησις, ἠρεμία, ἀριθμός,

---

1. Aristote, *Traité de l'âme*, liv. III, ch. III.

μέγεθος) ; en effet, il y a un certain mouvement qui est sensible au toucher et à la vue (1). »

Ainsi, des sensibles propres, et des sensibles communs, voilà toute la différence qu'établit Aristote entre les qualités des corps. La vue nous renseigne à la fois sur la chose colorée et sur le lieu qu'elle occupe (τί τὸ κεχρωσμένον, ἢ ποῦ); l'ouïe, sur la chose sonore et sur le lieu où elle se trouve (τί τὸ ψοφοῦν ἢ ποῦ). La vue et le toucher nous instruisent de la chose qui meut.

Ce sont ces théories d'Aristote qui seront reprises au moyen âge et développées sous le nom de théories des espèces. Ces espèces joueront un grand rôle dans la plupart des théories médiévales de la connaissance et principalement chez saint Thomas.

On sait qu'en tout corps les péripatéticiens distinguaient la matière et la forme.

Les espèces, à leurs yeux, étaient non des émanations matérielles des corps, mais des formes dépourvues de matière.

« Il faut observer, sur tous les sens, avait dit Aristote, qu'ils reçoivent les *formes sensibles* sans la matière (ἡ μὲν αἴσθησις ἐστὶ τὸ δεκτικὸν τῶν αἰσθητῶν εἰδῶν ἄνευ τῆς ὕλης), comme la cire reçoit l'empreinte de l'anneau sans le fer, ou l'or dont l'anneau est composé et garde cette empreinte.

Telle est la sensation à l'égard de ce qui a couleur, saveur ou son, elle ne reçoit pas ce que chaque chose est en elle-même, mais telle qualité de chaque chose selon le rapport de cette qualité avec les sens...

1. *Traité de l'Ame*, liv. II, ch. VI.

K.

Il faut que ce qui sent s'identifie avec l'objet senti, mais pourtant que son être en soit différent, sans quoi, il serait, comme l'objet senti, une certaine grandeur matérielle (1).

Dans son *Traité de la mémoire et de la réminiscence*, chapitre Ier, Aristote expliquait la mémoire par une sorte de type conservé de la sensation (τύπον τινὰ τοῦ αἰσθήματος), analogue au cachet que l'on imprime sur la cire avec un anneau.

Ce passage a été fort commenté par les philosophes médiévaux, principalement par saint Thomas et Duns Scot, qui en ont fait sortir leur doctrine de la connaissance. Ils expliquaient comment les formes sont d'abord objet de la mémoire, puis de la mémoire et de l'imagination, enfin de l'entendement. Imprimées dans nos sens, elles se nomment *espèces sensibles*. Quand l'entendement les a dépouillées de ce qu'elles ont de particulier, on les appelle *espèces intelligibles*.

L'espèce sensible c'est d'abord l'espèce impresse ou impression, image d'un objet particulier, individuel (*singulare quid*) qui, placé dans des circonstances convenables, affecte le sens extérieur par *sa vertu* propre et par l'activité du sens qui aspire à son complet développement (2).

Quant à la vertu propre qui, de l'objet affecte le sens extérieur, nous en trouvons une théorie chez Jean de la Rochelle à propos des intermédiaires entre l'objet et le sens : Jean de la Rochelle avec les

---

1. *Traité de l'Ame*, liv. II, ch. XII.
2. D'après Duns Scot, avec *les Commentaires* de François Lychet, t. V, 1re partie, p. 411. Lyon, 1639.

Épicuriens admet des corpuscules intermédiaires.

Voici son exposition : « Il faut s'expliquer, dit-il, sur la différence des intermédiaires : l'intermédiaire de la vision est à la fois clair et transparent. Il y a, par exemple, des corps solides dont la surface est opaque, comme la terre. Il y en a de transparents, comme l'air, l'eau, le cristal. Il y en a de clairs à la surface seulement, comme l'or et l'argent. Mais l'intermédiaire de la vision doit être à la fois clair et transparent. L'air est l'intermédiaire de l'ouïe. Celui de l'odorat est une vapeur qui se dégage de l'objet odorant à l'instar d'une fumée très subtile ; celui du goût est la salive ; celui du tact, la chair qui couvre les nerfs.

Si l'on se demande qu'elle est la raison d'être de ces intermédiaires, et pourquoi les sens n'arrivent pas sans eux à la connaissance des objets, il faut répondre qu'ils sont nécessaires parce que l'objet sensible mis contre le sens n'est pas senti.

En effet, la sensation a lieu par la réception de l'image d'un objet, non par la réception de l'objet selon son essence.

En effet, si le sens recevait l'essence même de l'objet, il ne pourrait avoir la sensation des contraires ; il ne pourrait voir le blanc et le noir, toucher le chaud et le froid ; cela est évident. L'œil ayant reçu l'essence de la blancheur, cet organe modifié par l'impression première ne pourrait recevoir l'essence du noir.

Concluons que l'œil reçoit non pas l'essence, mais l'espèce, l'image, de la couleur... » (1)

---

1. Fol. 24, verso, col. 2, trad. de B. Hauréau.
Sequitur de differentia mediorum, quæ satis manifesta est ex

Ainsi, pour Jean de la Rochelle comme pour Démocrite, les qualités secondes perçues par nos sensations proviennent donc des différentes situations de ces corpuscules.

Locke dira plus tard : « Nous pouvons concevoir que les qualités secondaires sont produites en nous par le même moyen, c'est-à-dire par l'action des particules imperceptibles sur nos sens. » (1)

Cette théorie des espèces et des intermédiaires nous amène à rechercher maintenant s'il ne pourrait y avoir dans la philosophie de Locke quelques ressemblances avec la doctrine thomiste. Or, nous trouvons que toutes deux ont parlé du principe d'individuation, forme médiévale, comme on va le voir, du problème des qualités primaires et secondaires.

Mais, dira-t-on, Locke a-t-il lu saint Thomas ? Nous ne saurions l'affirmer avec certitude. Néanmoins, au courant comme il l'était, nous l'avons vu dans un précédent chapitre — de la philosophie médiévale, — il est certain qu'il n'a pas été sans lire quelque ouvrage sur la scolastique thomiste. Nous en trouvons le témoignage

---

prædictis, nam perspicuum pervium est medium in visu. Sunt enim quædam corpora solida et superficialiter opaca, ut terra, quam impossibile est visum petrausire. Sunt etiam pervia, ut ær, aqua, cristallus. Sunt superficialiter perspicua, sed secundum soliditatem opaca, ut aurum et argentum, quæ similiter impertransibilia visui sunt ; medium vero in visu est pervium, hoc est perspicuum secundum superficiem. In auditur vero medium est ær. In olfacto vero medium est vapor, qui emanat ab odorabili in modum subtillisimi fumi. In gustu vero, medium est humor salivalis. In tactu vero medium est caro cooperiens nervos. Si autem quaretur quare adhibita sint media in sensibus et non perveniat sensus in cognitionem objetisive medio, dicendum quod hoc est qui sensibile appositum super sensum non sentitur, etc.

1. *Essai*, liv. II, ch. VIII.

dans un passage traitant du principe d'individuation.(1)

Dans le traité de saint Thomas *De ente et essentia*, nous trouvons un rapprochement du principe d'individuation avec les qualités primaires et secondaires de Locke.

Saint Thomas cherche parmi les deux éléments de la substance (forme et matière), quel est celui qui la caractérise.

Le premier, la forme, est celui qui peut être en plusieurs corps, tandis que l'autre, la matière, est ce qui ne se trouve qu'en un seul. Ce n'est pas la matière prise de quelque façon que ce soit (*quomodolibet*) qui est le principe d'individuation, c'est la matière caractérisée : la *materia signata*, et, la matière caractérisée est celle qui est considérée sous des dimensions positives : *certis dimensionibus*.

D'après saint Thomas « toute forme substantielle ou accidentelle, qui naturellement est en quelque chose, n'est cependant pas en plusieurs choses ; ainsi cette blancheur est dans ce corps. Donc, la matière est le principe d'individuation de toutes les formes qui lui sont inhérentes ; en effet, les formes de cette espèce étant, suivant la loi de leur nature, en une chose qui remplit à leur égard l'office de sujet, dès qu'une d'elles est reçue par une matière qui ne peut pas être dans un autre, cette forme elle-même ne saurait, en cette condition, être dans un autre. Quant au second point, il faut dire que le principe d'individuation est la quantité

---

1. *Essai*, liv. II, ch. XXVII, § 3.

dimensive. D'où vient, en effet, qu'une chose est née pour être en un seul? Cela vient de ce qu'elle est indivisible et divisée de toutes les autres choses. Or, la division de la substance a lieu en raison de la quantité, comme il est dit au premier livre de *la Physique*. En conséquence, la quantité dimensive est en quelque façon principe d'individuation pour les formes de cette espèce, en tant que des formes diverses en nombre sont en diverses parties de matière » (1).

Caractériser la matière par des dimensions positives comme le fait saint Thomas et la définir par son extension, en longueur, largeur et profondeur, comme le fait Locke après Descartes, c'est à peu près la même chose.

Voici les termes de Descartes :

« L'étendue en longueur, largeur et profondeur constitue la nature de la substance, car tout ce que, d'ailleurs, on peut attribuer où corps présuppose l'étendue, et n'est qu'une dépendance de ce qui est étendu (2). »

« En premier lieu, dit Descartes, j'imagine distinctement cette quantité que les philosophes appellent vulgairement la quantité continue, ou bien l'extension en longueur, largeur et profondeur, qui est en cette quantité, ou plutôt en la chose à qui on l'attribue. De plus, je puis nombrer en elle plusieurs diverses parties, et attribuer à chacune de ces parties toutes sortes de grandeurs, de figures, de situations et de mouvements ; et enfin je puis assigner à chacun de ces mouvements toutes sortes de durées (3).

---

1. *Summa theol.* part. III, *quæst.* LXXVII, art. 2. Trad. de B. Hauréau, tome Ier, seconde partie, pp. 367, 368.
2. *Principes de philosophie*, p. 32 de l'éd. de 1681, 4°.
3. Descartes, *le Début de la cinquième Méditation*.

Saint Thomas et Locke s'accordent aussi à peu près sur un second point.

En effet, saint Thomas écrit dans la troisième partie de *la Somme* que « la première détermination de la matière est la quantité dimensive (l'étendue); c'est pourquoi, suivant Platon, les premières différences de la matière sont la grandeur et la petitesse. Or, la matière étant le premier sujet, en conséquence, tous les autres accidents n'adviennent au sujet que par l'entremise de la quantité dimensive connue, par exemple, le premier sujet de la couleur est la surface (1) ».

Saint Thomas, comme Locke le fait après lui, place non seulement l'étendue (qu'il appelle ici quantité dimensive) au premier plan, comme la nature même de la matière, mais il en fait dépendre toutes les autres qualités : mouvement, couleur, saveur, odeur, chaleur, etc., qui sont subordonnées à l'étendue.

Ainsi, saint Thomas d'abord et plus tard Descartes et Locke, ont bien vu que l'étendue était le caractère essentiel de la matière, et que toutes les autres qualités des corps présupposaient l'étendue. Bornons-nous à signaler, pour compléter notre historique, l'identité de cette doctrine avec celle de Galilée sur les *primi e reali accidenti*.

C'est Descartes surtout qui a contribué à cette distinction. Pour lui, les idées des qualités primaires sont *a priori* ; elles viennent de l'entendement d'où la sensation les fait surgir avec des déterminations spéciales.

1. Trad. de B. Hauréau.

L'entendement, qui les donne, rend en même temps, à leur objectivité et à leur valeur représentative un témoignage garanti par la véracité divine. Les qualités primaires sont réelles parce qu'elles sont également acquises par les sens.

Descartes dans *les Principes de la Philosophie* (IV⁰ partie, p. 198) nous expose sa théorie, il dit, que, « nous n'apercevons en aucune façon que tout ce qui est dans les objets que nous appelons leur lumière, leurs couleurs, leurs odeurs, leurs goûts, leurs sons, leur chaleur ou froideur, et leurs autres qualités qui se sentent par l'attouchement, et ainsi ce que nous appelons leurs formes substantielles, soit en eux autre chose que les diverses figures, situations, grandeurs et mouvements de leurs parties qui sont tellement disposées qu'elles pensent mouvoir nos nerfs en toutes les diverses façons qui sont requises pour exciter en notre âme tous les divers sentiments qu'ils y excitent ».

Locke, comme nous allons le voir, ajoute à cette distinction des considérations originales et détaillées, et ainsi oriente dans une nouvelle direction la philosophie moderne. Mais, d'autre part, comme nous venons de le montrer, il a utilisé pour une grande part la tradition de philosophes médiévaux ; comme Jean de La Rochelle, saint Thomas, Duns Scot, etc...

C'est du moins, ce qui résulte de la comparaison que nous avons faite entre le principe d'individuation et la quantité continue chez saint Thomas avec les qualités primaires et secondaires de Locke.

Rappelons maintenant avec plus de précision en

quels termes cette distinction des qualités primaires et des qualités secondaires est exposée par Locke dans *l'Essai sur l'entendement humain*. « Tout ce que l'esprit perçoit en lui-même, ou qui est l'objet immédiat de la perception, de la pensée ou de l'entendement, je l'appelle *idée* ; et le pouvoir de produire une certaine idée dans notre esprit, je l'appelle *qualité* du sujet en qui réside ce pouvoir. »

Les idées — dont la définition précède, sont de deux sortes : les idées simples qui viennent par sensation, ou par réflexion, — les idées complexes qui se forment à la fois par sensation et par réflexion. Les idées simples de sensation sont celles des qualités sensibles qui « entrent par les sens d'une manière simple et sans nul mélange »; elles sont toutes parfaitement distinctes.

Certaines qualités sensibles sont fournies par un seul sens : couleur, saveur, son, solidité, etc. D'autres nous viennent par plusieurs sens à la fois : l'espace ou *étendue*, la figure, le mouvement et le repos sont donnés par la vue et par l'attouchement.

Quel que soit le mode d'origine des qualités sensibles, une distinction de très grande importance s'impose à leur égard. Locke sépare des qualités premières les qualités secondes. Les qualités premières sont entièrement inséparables des corps en quelque état qu'ils soient. Elles sont de telle nature que nos sens les trouvent dans chaque partie de matière perceptible. Elles sont constantes et indestructibles, originales et constitutives des corps. Ce sont la solidité, l'étendue, la figure, le nombre, le mouvement et le repos

La solidité est la qualité sensible la plus constante, c'est elle qui empêche l'approche de deux corps lorsqu'ils se meuvent l'un contre l'autre, et exclut de l'espace toute l'autre substance matérielle. C'est de leur solidité ou cohésion que dépendent et la simple impulsion des corps, et leur impulsion mutuelle et leur résistance. Cette résistance est telle qu'il n'y a point de force, si grande qu'elle soit, qui puisse la vaincre.

Les idées des premières qualités des corps ressemblent à ces qualités; celles-ci sont réellement dans la matière, que nous y songions ou que nous n'y songions pas. Même le repos, qui paraît être une privation, paraît être aussi réel que le mouvement.

Les qualités secondes ne sont effectivement que la puissance qu'ont les corps de produire diverses sensations en nous par le moyen de leurs qualités premières, c'est-à-dire par la grosseur, figure, contexture et mouvement de leurs parties insensibles, comme sont les couleurs, les sons, les saveurs, etc. Elles ne sont pas réellement dans les corps, et ceux-ci n'ont que la puissance de les susciter en nous. La chaleur n'est pas plus dans le soleil que la blancheur qu'il produit sur la cire. Les apparences varient avec la portée des sens : un corpuscule rouge est vu tout autre au microscope. Quand ces qualités ne donnent pas lieu à perceptions, elles n'existent nulle part. Ainsi, l'amande change de goût, quand on la pile, sans qu'il y ait en elle d'autre modification réelle que celle de la contexture de ses parties. La chaleur, telle qu'elle est dans nos mains, n'est qu'une espèce de mouvement produit en un certain degré dans les petits filets des nerfs ou dans les esprits animaux ; la même eau peut produire des sensations différentes dans les deux mains : ce que la même figure ne peut jamais faire. S'il n'y avait point d'organe propre à recevoir les impressions du feu sur la vue et le toucher et qu'il n'y eût point d'âme unie à ses organes pour recevoir des idées de lumière et de chaleur par le moyen des impressions du feu et du soleil, il n'y aurait pas plus de lumière et de chaleur dans le monde que de douleur, s'il n'y avait aucun être capable de la sentir, quoique le soleil fût précisément le même qu'il est à présent.

En résumé, les qualités premières (objectives, dirons-nous) sont dans les corps, les secondes (subjectives) sont jugées y être et n'y sont point (1).

1. Les qualités que l'on envisage dans les corps sont de deux sortes. Il en est, en premier lieu, qui sont entièrement inséparables du corps, en quelque état qu'il soit, de sorte qu'il les conserve toujours, quelques altérations et quelques changements qu'il vienne à souffrir. Ces qualités sont de telle nature que nos sens les trouvent toujours dans chaque partie de matière, lors même qu'elle est trop petite pour que nos sens puissent l'apercevoir. Ces qualités qui, comme on peut l'observer, produisent en nous des idées simples, je les appelle, *originales* ou *primaires*. Ce sont la solidité, l'étendue, la figure, le nombre, le mouvement ou le repos. Il y a, en second lieu, des qualités qui ne sont réellement dans les corps que la puissance de produire diverses sensations en nous par le moyen de leurs qualités primaires, c'est-à-dire par la grandeur, la figure, la contexture et le mouvement de leurs parties imperceptibles, comme sont les couleurs, les sons, les saveurs, etc. Je donne à ces qualités le nom de qualités *secondaires*.

Ce qu'il faut considérer, c'est la manière dont les corps produisent des idées en nous. Il est clair que c'est par impulsion, car nous ne pouvons concevoir que les corps aient une autre mode d'action. Si donc les objets extérieurs ne sont pas unis à notre esprit lorsqu'ils y produisent des idées, et que, cependant nous apercevions ces qualités originales dans ceux qui viennent à tomber sous nos sens, il est évident qu'il doit y avoir en ces objets un certain mouvement qui, agissant sur certaines parties de notre corps, soit continue par le moyen des nerfs ou des esprits animaux jusqu'au cerveau ou au siège de la sensation pour exciter dans notre esprit les idées particulières que nous avons de ces *qualités primaires*. Nous pouvons

Nous voyons dans cette distinction le développement de celle de Descartes. En somme, Locke ne se place pas dans une position contraire à celle de Descartes, mais ajoute aux considérations cartésiennes des idées précises et originales. Il se trouve même, ainsi que nous l'avons vu à propos des intermédiaires entre l'objet et le sens, à propos du principe d'individuation et de la quantité dimensive, le successeur des grands philosophes médiévaux : — Jean de la Rochelle, saint Thomas et Duns Scot. Tout en examinant leurs conceptions, nous avons montré — par exemple à propos du principe d'individuation ; — comment il en acceptait les conclusions.

C'est en ce sens que nous pouvons affirmer qu'une bonne partie de *l'Essai* de Locke reproduit des doctrines médiévales.

Nous pouvons croire en effet, que cette philosophie a eu sur Locke une certaine influence ; dans bien des pages

concevoir que les qualités secondaires sont produites en nous par le même moyen, c'est-à-dire par l'action des particules imperceptibles sur nos sens. Car il est évident qu'il existe quantité de corps dont chacun est si petit, que nous ne pouvons en découvrir, par aucun de nos sens, la grosseur, la figure et le mouvement, telles sont les particules de l'air et de l'eau et d'autres beaucoup plus petites, qui sont peut-être au volume de l'air et de l'eau ce que celles-ci sont au volume de pois ou de grêlons. Nous pouvons donc supposer que ces particules, différentes en mouvement, en figure, en grosseur et en nombre, venant à affecter les divers organes de nos sens, produisent en nous ces différentes sensations que nous avons des couleurs et des odeurs des corps : qu'une violette, par exemple, produit en nous les idées que la couleur bleuâtre et de la douce odeur de cette fleur, par l'impulsion de ces particules imperceptibles, de figures et de grosseurs particulières et de mouvements variables. Car il n'est pas plus difficile de concevoir que Dieu peut attacher de telles idées à des mouvements avec lesquels elles n'ont aucune ressemblance, qu'il l'est de concevoir qu'il a attaché l'idée de la douleur au mouvement d'un morceau de fer qui divise notre chair, mouvement auquel la douleur ne ressemble en aucune manière. » (*Essai sur l'entendement humain*, liv. II, chap. VIII, p. 167-168 et suiv. Trad. de Coste.)

de son œuvre il critique l'enseignement scolastique (1) : puisqu'il le critique il a dû le connaître en partie ; il en a même, pourrait-on dire critiqué la forme plutôt que le fond.

Mais cet enseignement est loin de constituer toute la philosophie du moyen âge (2). Locke avait été en outre par son éducation mené à connaître quelques-uns de ces grands philosophes médiévaux. (V. chap. précédent sur l'éducation médiévale).

Nous avons signalé dans ce chapitre l'influence des théories de Jean de la Rochelle, saint Thomas et Duns Scot sur la formation de la théorie de Locke — des qualités primaires et secondaires. — N'oublions pas que Locke, en acceptant souvent les solutions des autres, leur applique sa propre façon de penser. Il peut ainsi à juste titre considérer comme ses propres idées — celles qui lui paraissent vraies puisqu'il les a rendues siennes, en les faisant passer au crible de sa méthode.

1. *Essai*, liv. II, chap. XVII, § 10, p. 64; chap. XVII, § 16, p. 71 ; chap. XXII, § 19-20, p. 226-227 ; chap. XXXI, § 6, p. 357-358 ; liv. III, chap. III, § 9, p. 53 ; § 10, p. 54 ; chap. IV, § 16, p. 80 ; chap. X, § 2-3, p. 196-197 ; liv. IV, chap. VI, § 4, p. 35-36 ; chap. VII, § 11, p. 69-70-71-72 ; chap. VIII, § 9, p. 98-99 ; chap. VIII, § 11, p. 101 ; chap. XII, § 4, p. 202-217 ; chap. XII, § 6-7, p. 217-218-219 ; chap. XVIII, § 15-16, p. 264-265.
2. Il faut distinguer de cette philosophie scolastique — les grands philosophes médiévaux. V. Fr. Picavet : *l'Esquisse*, ch. II et IV.

CHAPITRE V

Le problème des idées générales chez Locke :
Influence d'Occam et du nominalisme.

Le Problème des idées générales au XVII⁰ siècle. — Survivance des philosophies médiévales. — Le Nominalisme en Angleterre. — Locke a certainement connu Guillaume d'Occam et Gabriel Biel, peut-être Roscelin et Durand de Saint-Pourçain. — Exposition de la théorie nominaliste de Locke. — Comparaison de Locke et de Roscelin. — Exposition détaillée de la doctrine nominaliste de Guillaume d'Occam. Le Problème de la substance. — Pour Occam la substance n'est qu'un concept de l'entendement sans réalité objective. — Réfutation du réalisme de Duns Scot. — Théorie d'Occam sur la formation des idées générales. — Essences nominales et essences réelles. — Sa doctrine de la connaissance. — Ses idées sur les degrés de l'assentiment. — Comparaison des doctrines d'Occam avec celle de Locke. — Conséquences théologiques du nominalisme d'Occam. — L'Idée de Dieu. — Les Attributs divins. — L'Immatérialité et l'immortalité de l'âme. — Unité de la substance pensante. — Locke accepte en grande partie ces conséquences théologiques. — Conclusion.

Par la solution purement nominaliste qu'il apporte au problème des idées générales, Locke se montre, comme sur bien d'autres questions examinées jusqu'ici dans ce travail, le continuateur des philosophes médiévaux. Nous nous proposons d'étudier plus particulièrement dans ce chapitre les ressemblances qu'il offre avec les nominalistes tels que, Roscelin, Durand de Saint-Pourçain, Pierre d'Ailly, Gabriel Biel. Il en présente surtout avec Guillaume d'Occam, et l'on pourrait même, comme nous allons le voir, le considérer comme le disciple de ce dernier, tant se trouvent de points communs dans les deux doctrines.

La solution fournie par Locke au problème des idées générales nous montrera ainsi que ce problème est posé au XVIIe siècle à peu près dans les mêmes termes qu'au XIVe, et les principaux philosophes lui témoignent alors un intérêt très grand. Il nous sera ainsi possible d'étudier sur ce point le prolongement de la pensée médiévale à travers tout le XVIIe siècle.

Nous pouvons recueillir à ce sujet plusieurs appréciations des grands philosophes, celle de Leibnitz, par exemple, qui déclare « que la secte des nominaux est la plus profonde et la plus d'accord avec la méthode philosophique depuis sa réforme » ou celle de Spinoza qui, dans une page du IIe livre de *l'Éthique* (propos. 40) reconnaît « que les termes transcendantaux ne désignent rien autre chose que les idées à leur plus haut degré de confusion. »

« Condillac, dit M. Fr. Picavet, aurait dû retrouver tous les germes de son système chez les nominaux, qui ont en outre préparé la réforme religieuse et scientifique, qui ont rendu aux esprits une précieuse indépendance (1). »

De plus, l'Angleterre a été, comme on le sait, le foyer

---

1. Fr. Picavet, *Roscelin philosophe et théologien*, p. 21.

principal du nominalisme. La logique d'Occam était encore en usage à la fin du XVIIe siècle à l'Université d'Oxford où étudia Locke. Nous pouvons ainsi affirmer avec certitude que Locke a connu, sinon la plupart des philosophes nominalistes, du moins le principal d'entre eux, Guillaume d'Occam (1), ainsi que *les Commentaires* qu'a fait sur son œuvre Gabriel Biel (2).

Cette doctrine a exercé sur Locke une grande influence.

1. Les œuvres d'Occam, énumérées dans Wadding, *Scriplores ord. min.*, et dans *la Nouv. Biographie gen.*, n'ont pas été réunies dans une édition complète. Parmi ces écrits philosophiques les principaux sont: *Super libros sententiarum subtilissimæ quæstiones*. Lyon, 1495, in-fol. — *Quodlibeta septem*. Paris, 1487, in-fol., Strasbourg, 1491. — *De sacramento altaris* (où Occam suggère l'idée d'une présence mystique du corps de Christ, qui exerça sans doute quelque influence sur la pensée de Luther). Venise, 1516. — *Expositio aurea super totam artem veterem, videlicet in Porphyru prædicabilia et Aristotelis prædicamenta*. Bologne, 1496, in-fol. Quant aux écrits politiques et ecclésiastiques, Goldasti les a recueillis dans sa *Monarchia*, sauf *le Defensorium*, qui fut publié par Ed. Brown dans *l'Appendix du fasciculus rerum expetendarum*. Lond., 1690. — *Summa logices*, in-4°. Venise, 1591 (souvent réimprimé). — *Major summa logices*, in-4°, Venise, 1522. — *Quæstiones in libros Physicorum*, in-fol. Strasbourg, 1491 et 1506. Presque toute la doctrine de Guillaume d'Occam, si ce n'est sa logique, se trouve amplement exposée dans *les Questions sur les Sentences*, on en possède un excellent abrégé de Gabriel Biel.

2. Gabriel Biel, philosophe et théologien allemand, né à Spire vers 1425, mort en 1495 : il fit ses études à Heidelberg et à Erfurt. Ayant obtenu le grade de licencié en théologie, il fut nommé vicaire et prédicateur à la cathédrale de Mayence. Biel professa avec éclat à l'Université de Tubingue le nominalisme d'Occam. Ses œuvres principales sont : *Epithoma pariter et collectiorum circa quatuor Sententiarum libros egregi viri magistris Gabrielis Biel sacræ theologiæ licenciati bene meriti*. L'ouvrage a été édité pour la première fois en 1501 par les soins de Wendelin Steinbach, à Tubingue. Depuis, il a été plusieurs fois réimprimé : Bâle, 1512; Lyon, 1514. C'est l'œuvre capitale de Biel, la seconde série de leçons qu'il donna à l'Université de Tubingue. Suivant l'usage de l'époque, l'auteur commente le livre des Sentences, mais en prenant Occam pour guide. Chacun des quatre livres qui forment l'ouvrage se divise en distinctions, au début desquelles se trouve un court résumé de la doctrine de Pierre Lombard. Biel déclare qu'il prend Occam pour maître, il veut s'attacher à lui sans mépriser les autres docteurs. Il se propose de l'abréger quand il étudiera les questions qui ont été longuement discutées par lui. Il consultera les autres maîtres sur les sujets qu'Occam a négligés de traiter ou d'approfondir. Mais il déclare que, même dans ce cas, il ne s'écartera pas de son guide : il mettra d'accord, avec les principes d'Occam, les conclusions des autres écoles. (*Prohemium prologi*, liv. I, dist. XLVIII; liv. II, prol. ; liv. III, dist. XV).

K.

Il se peut aussi, mais nous ne saurions en parler que comme d'une probabilité, que Locke a lu Guillaume de Saint-Pourçain (1).

En un mot, nous nous proposons dans cette étude de montrer que Locke est un nominaliste, et ensuite qu'il peut être considéré comme le disciple direct de Guillaume d'Occam, ce que nous prouverons par la comparaison de la doctrine de ce dernier avec celle de Locke.

D'après Locke, ni la sensation, ni la réflexion de l'âme sur ses propres opérations ne peuvent nous fournir des idées universelles, douées d'une réalité objective. Par conséquent, « ce qu'on appelle général et universel n'appartient pas à l'existence réelle des choses, mais c'est une production de l'entendement faite pour son propre usage et qui se rapporte uniquement aux signes, que ce soient des mots ou des idées. Lors donc que nous laissons à part les particuliers, les généraux qui restent ne sont que de simples productions de notre esprit, dont la nature générale n'est autre chose que la capacité que l'entendement leur communique de signifier ou

---

1. Durand de Saint-Pourçain (Guillaume), né en Auvergne, entra dans l'ordre des Frères pêcheurs, fut évêque du Puy en 1318, et de Meaux en 1326. Avant d'être promu à l'épiscopat, il fut appelé à Rome, sur le bruit de sa réputation, et y résida quelque temps en qualité de maître du sacré palais. Il mourut en l'an 1332. — Durand repousse avec énergie la réalisation des abstractions, affirmant, que la vérité est, non dans les choses, mais dans l'entendement. L'ouvrage, où il s'attacha à combattre ses adversaires (thomistes et réalistes) et à exposer ses propres idées, est son *Commentaire des Sentences*. — Les ouvrages de Durand de Saint-Pourçain sont : *In Sententias theologicas Petri Lombardi commentatorium libri quatuor*, in-fol. Les deux dernières éditions de ce livre plusieurs fois réimprimé sont celles de Lyon, 1569 et de Venise, in-fol. 1586. *De origine jurisdictionum sive de jurisdictione ecclesiastica et de legibus*, in-4°. Paris, 1506.

de représenter plusieurs particuliers » (1). De cette proposition résulte la distinction de Locke entre les essences réelles et les essences nominales.

Les mots sont les signes de nos conceptions intérieures (2). Quelque conformité que nos idées aient avec les objets extérieurs, c'est sur nos idées que porte notre connaissance. Elles forment nos idées de *substances*, c'est-à-dire de collections de certaines qualités que nous avons remarqué coexister dans un soutien inconnu.

Les idées simples existantes, nous avons le droit de les joindre hardiment, et nous formons ainsi des idées abstraites de substances, car tout ce qui a été uni une fois dans la nature peut l'être encore. Nous acquérons par là, quoique en très petit nombre, des vérités certaines, universelles et utiles. Si l'or est toujours malléable, la malléabilité devient un des caractères spécifiques de l'or. Ainsi se forment les *essences nominales* des choses. Cette essence nominale, toutefois, ne dépasse pas les idées simples qui la composent, en dehors desquelles rien ne semble susceptible d'une certitude universelle. Encore cette collection d'idées simples est-elle imparfaite ; l'essence nominale peut renfermer plus ou moins ou d'autres idées qu'il ne conviendrait. Mais, surtout, nos idées abstraites des substances ne contiennent pas toutes les idées simples qui sont attribuées aux choses mêmes. Les qualités, en effet, sont des puissances, c'est-à-dire des relations à d'autres substances. Nous ne pouvons jamais être assurés de connaître toutes les

1. *Essai*, liv. III, ch. II, § 2.
2. *Ibid*, liv. III, ch. I, § 2.

puissances qui sont dans un corps, car elles sont infinies. Ainsi, nous ne connaissons peut-être pas la millième partie des propriétés qu'on peut découvrir dans l'or. L'essence nominale, cependant, exige que les idées dont elle est composée soient tellement unies qu'elles ne forment qu'une idée quelque complexe qu'elle soit, et que les idées particulières ainsi unies soient exactement les mêmes sans qu'il y en ait ni plus ni moins. L'essence d'une chose est, par rapport à nous, toute l'idée complexe, comprise et désignée par un certain nom, lequel fait l'office d' « étendard ».

Mais précisément, cette essence nominale serait-elle strictement et adéquatement déterminée, les qualités, propriétés et puissance seraient-elles toutes connues, unies et cohérentes, tous ces assemblages et constructions d'idées seraient vains. La substance réelle et concrète resterait inconnue. Car nous ne savons pas quelle est la constitution des substances d'où dépendent nos idées simples. Si nous pouvions avoir et si nous avions actuellement, dans notre idée complexe, une collection exacte de toutes les secondes qualités d'une certaine substance, nous n'aurions pourtant pas, par ce moyen, une idée de l'essence de cette chose ; elles ne sont pas l'essence, mais en dépendent et en découlent. L'essence nominale des substances (au contraire de ce qui a lieu pour toutes les idées simples et, parmi les idées complexes, pour les modes, où l'essence nominale et l'essence réelle sont une seule et même chose) est entièrement différente de leur essence réelle.

En somme, Locke conçoit l'explication nominaliste

ainsi que la concevait Roscelin. Pour lui, les mots par lesquels nous exprimons des idées de genres et d'espèces, ne sont que des mots. Les genres et les espèces ne sont pas des réalités. Nous ne percevons que par les sens ; les sens sont le criterium de l'existence de choses. Ce qu'ils nous font connaître est réel ; ce qu'ils ne nous montrent pas n'a pas de véritable existence. — Nous voyons un éléphant ; nous ne voyons, ni n'entendons, ni ne touchons cette collection d'individus de même espèce que nous pensons signifier lorsque nous disons abstraitement : l'éléphant est gros.

En résumé, il n'existe que des individus et des choses particulières, et les Universaux n'étant que des conceptions de l'esprit, il en résulte que toute la réalité appartient aux choses individuelles d'après lesquelles ces conceptions se sont formées et à l'esprit qui les a formées.

Après avoir exposé sommairement le nominalisme de Locke il nous reste maintenant à le comparer d'une façon plus détaillée à la doctrine d'Occam.

Cette dernière doctrine a pour objet la réfutation des théories qui admettent des universaux *ante rem et in re*. Elle a pour thèse de s'attacher au contraire exclusivement à l'existence des universaux *post rem* et d'en faire de simples êtres de raison, *entia rationis*. Dans sa polémique contre le réalisme, Occam invoque en outre sans cesse ce principe, - qu'il ne faut pas multiplier les êtres sans nécessité : *entia non sunt multiplicanda præter necessitatem* (1).

1. Cette thèse a été reproduite et développée par A. Arnauld dans sa polémique contre Malebranche (Arnauld, *Des vraies et des fausses idées*, ch. 1er).

Or, on sait que l'objet principal de la controverse scolastique c'est le problème de la substance. On se demande si le substratum des choses, si la substance est universellement ou individuellement. — Selon Occam, en tant que considérée comme un tout composé de matière et de forme, la substance est véritablement individuelle et réelle. Mais ici deux objections viennent se rejoindre. D'une part, la substance est ce qu'il y a de moins individuel, de moins réel quand on fait emploi de ce mot substance pour signifier ce qui se dit de tous : en effet, ce qui se dit de tous n'est pas dans un, il n'y a pas un être qui soit la substance une, la substance universelle. Si, d'autre part, on considère la substance comme le nom de la première catégorie, on peut démontrer ensuite que toute substance est individuelle et ajouter que l'individu seul est une nature, une réalité. Et alors les logiciens du parti réaliste ne manquent pas de compter cette catégorie au nombre des choses existant hors de l'âme. « Individuum est res extra animam per Philosophum in Prædicamentis qui dicit quod est substantia, quæ proprie et principaliter est (1). »

La substance est conçue, ainsi comme la manière d'être prédicamentale de toute chose individuelle. Ce n'est en vérité pas plus une chose, une réalité — que la substance prise pour ce qu'il y a de plus général et, en définitive, il revient au même de prendre la substance de telle ou telle façon, — la substance universellement et individuellement considérée ne pouvant jamais être en logique, si non en physique, qu'un pur prédicament,

---

1. G. d'Occam, *Quodlibeta, quintum* quodlib. quæst. 23.

c'est-à-dire un *concept*. *Individuum, ex quo compositur praedicamentum, non est res extra animam,* — telle est la conclusion d'Occam.

C'est aussi celle de Locke, qui critique non seulement la doctrine qui admet l'unité de la substance pour les trois ordres d'êtres que nous pouvons concevoir ; — les corps, nous-mêmes et Dieu, mais aussi l'idée même de substance. Selon Locke : « qui voudra prendre la peine de se consulter soi-même sur la notion qu'il a de la pure substance, en général, trouvera qu'il n'en a absolument point d'autre que de je ne sais quel sujet qui lui est tout à fait inconnu et qu'il suppose être le soutien des qualités. » (1).

Ces termes de Locke rappellent exactement ceux de notre docteur nominaliste.

Occam continue ensuite sa lutte contre la réalisation des abstractions. Les choses singulières suffisent, et par suite à quoi bon faire des universaux des choses : *sufficiunt singularia et ita tales res universales omnino frustra ponuntur.* Aussi bien de quelque manière qu'on tente d'interpréter le réalisme, on arrive à l'absurde. Donnerons-nous avec les Platoniciens, une existence indépendante au général ? Mais alors le général devient une chose singulière. Dirons-nous que le général existe (*in rebus*) dans les choses particulières, en telle façon que, mêlé à elles — il est réellement distinct de l'individuel ? Mais comment une chose réelle peut-elle ainsi se multiplier selon le nombre des individus ? La même

---

1. *Essai*, liv. II, ch. XXIII, § 2.

humanité est damnée dans Judas, sauvée dans Jésus : de plus il doit y avoir dans l'individu, autant de choses réellement distinctes qu'on peut lui attribuer de qualités distinctes (*tot essent res realiter distinctæ in quolibet singulari, quot sunt universalia prædicabilia univoce de eodem*). — Dirons-nous avec Duns Scot que l'universel est une réalité qui est distincte de l'individu, non pas réellement, mais formellement (*formaliter*)? Il est impossible, répond Occam que dans les créatures (exception faite pour la Trinité) des choses diffèrent formellement, si elles ne sont distinguées réellement.

Reprenons avec plus de détail cette réfutation du réalisme : « La première proposition réaliste est, comme nous venons de le voir, celle-ci : l'universel est, comme essence indivise, ou comme essence divisible, une entité du genre de la substance. Sur ce point Occam déclare que, dans la nature, toute essence est singulièrement, aucune n'est universellement. Il accorde sans doute que tous les individus ont des manières d'être plus ou moins universelles, qui permettent de les classer dans telle espèce, dans tel genre, et que, l'expérience attestant la réalité de ces manières d'être, les espèces et les genres existent bien en quelque sorte réellement ; mais il nie que ces universaux aient, en eux-mêmes, quelque titre à l'existence, c'est-à-dire qu'il existe, soit en dehors de Socrate et de Platon, soit en Socrate et en Platon, un homme universel, constituant une essence actuellement conforme à ce que représente dans l'intellect ce terme universel : l'humanité » (1).

1. Hauréau, liv. III, p. 420-421.

La critique par Occam de la première proposition réaliste est reproduite et développée par Locke : — « Ce qu'on appelle général et universel, dit-il, n'appartient pas à l'existence réelle des choses, mais c'est un ouvrage de l'entendement — qu'il fait pour son propre usage et qui se rapporte uniquement aux signes, que ce soient des mots ou des idées... Lors donc que nous laissons à part les particuliers, les généraux qui restent ne sont que de simples productions de notre esprit dont la nature générale n'est autre chose que la capacité que l'entendement leur communique de signifier ou de représenter plusieurs particuliers. » — (1) De là résulte cette autre conséquence relative à l'essence des choses. Il faut distinguer les essences réelles et les essences nominales : au sujet des premières — l'opinion la plus raisonnable est celle qui reconnaît à toutes les choses naturelles une certaine constitution réelle, mais inconnue, de leurs parties insensibles, d'où découlent ces qualités sensibles qui servent à distinguer les choses l'une de l'autre. Les essences des choses nous sont « entièrement inconnues ». — Quant aux essences nominales, elles désignent les genres et les espèces, pures productions de notre esprit, dont il se sert pour ranger les choses sous de communes dénominations.

Venons à la deuxième proposition de l'école réaliste : « Les notions universelles, recueillies soit de l'essence réellement universelle (c'est le système de Duns Scot), soit des similitudes essentielles des êtres (c'est ainsi que s'exprime saint Thomas), sont dans l'entendement des

1. *Essai*, liv. III, ch. III, § 2.

entités spirituelles, des formes permanentes, de véritables sujets, que l'intellect agent travaille, combine, divise et compose de mille manières. Non moins résolu sur cette question que sur la précédente, Guillaume d'Occam reconnaît que la science des choses ne peut s'arrêter à la notion de l'individu, qu'elle est, en outre, la science de leurs rapports, de leurs convenances, et, loin de mettre en doute l'existence de ces notions universelles selon lesquelles l'esprit distingue, avec une parfaite certitude, ce qui est le propre des substances végétales ou minérales, ce qui est le propre de la race humaine de ce qui est le propre de la race chevaline ou bovine, il soutient que ces notions sont l'universel véritable, vainement cherché dans les choses où il n'est pas. Mais il ajoute que ces notions ne sont pas subjectivement dans l'âme, qu'elles n'y sont pas distinctes de la perception elle-même, et que, par conséquent, il n'y a dans l'âme aucune de ces espèces, aucun de ces fantômes, sans lesquels les réalistes ne savent rendre compte des opérations de l'intellect. (1). »

Il résulte des réfutations précédentes, qu'il importe pour Occam de considérer l'idée universelle, non comme

---

1. Hauréau. liv. III, p. 421-422.

« Sciendum est quod omnis disciplina ab individuis ; unde Philosophus, secundo *Posteriorum* et primo *Metaphsysicæ*, vult quod ex sensu, qui non sit nisi singularium, sit memoria, et in memoria experimentum, et in experimento sit universale, quod est principium artis et doctrinæ; et ita, sicut omnis cognitio rerum ortum habet a sensu, ita omnis disciplina ortum habet ab individuis ; tamen de individuis non est scientia proprie dicta, sed de universalibus tantum pro individuis, et hoc propter eorum infinitatem, quia diversa a diversis cognoscuntur, et ita pro communitate hominum esset inutile tractare de quocumque singulari vel de quibuscumque singularibus determinare » (Occam, *Sup. art. vet.* lib. *Prædicabil.* cap. *de Specie*).

une imagination frivole, mais comme une *qualité*, une *intention* de l'âme. « C'est un concept recueilli, suivant la droite raison et conformément au témoignage de l'expérience, soit des choses mêmes, soit des manières d'être similaires des choses. Mais puisque ces manières d'être sont naturellement en plusieurs, elles ne forment pas dans la nature des essences indivisément universelles ; c'est dans l'âme, dans l'intellect qu'elles atteignent cette unité. On définira donc : « Un concept singulier, signifiant à la fois plusieurs singuliers, dont il est une similitude naturelle, non pas quant au mode de l'existence, mais quant au mode de la représentation (1). »

Comparons maintenant les idées d'Occam sur ce sujet avec celles de Locke : selon ce dernier, ce qu'on appelle général et universel est l'œuvre de l'entendement (2) et « n'appartient point à l'existence réelle des choses ». C'est la propriété en vertu de laquelle le même terme s'applique à plusieurs individus, et cette propriété ou simple relation est attribuée aux mots par l'entendement humain. Les genres et les espèces désignent donc des essences nominales dont l'unique fondement est cette ressemblance apparente que nous remarquons, par exemple « dans les races des animaux » ; ce n'est point l'essence réelle, encore moins la forme substantielle qui détermine l'espèce, puisque nos essences et ses formes nous restent complètement cachées et inconnues.

Comme on le voit, Locke se pose en vrai disciple d'Occam et continue la critique du réalisme. Après

---

1. G. Biel, *In I Sentent.* dist. II, quæst. 8. — Hauréau, liv. III, p. 420.
2. *Essai*, liv. III, ch. III et IV. §§ 9, 10 ; etc.

avoir résumé cette critique, il nous reste maintenant à exposer les théories mêmes d'Occam.

En résumé, l'idée n'est pas une chose réelle, mais simplement un nom connotatif ou relatif; c'est quelque chose de connu par le principe actif intellectuel. « L'universel n'est donc qu'un son de voix, un mot écrit ou tout autre signe soit conventionnel, soit d'un usage arbitraire, signifiant à la fois plusieurs singuliers. Ce signe est en lui-même une chose singulière, il n'est universel que représentativement, de telle sorte qu'être, en tant qu'universel, consiste uniquement à représenter plusieurs choses à la fois (1) ». Non seulement Occam pose que le nom universel est le signe des convenances réelles qui se trouvent naturellement dans les choses diverses, mais encore il fonde tout son système sur cet aphorisme. Si l'universel n'est, dans l'ordre des choses externes, qu'un nom, ce nom vient d'un concept et ce concept formé par l'intellect est le véritable universel, l'universel conceptuel qui se trouve avant les choses dans l'entendement humain. Une déclaration catégorique peut résumer les propositions précédentes : — « Les mots sont des signes subordonnés aux concepts, ou aux intentions de l'âme. Nous les appelons signes... parce qu'ils s'emploient pour dire ce que signifient les concepts de l'âme (2). »

1. Est... universale vox, vel scriptum, ant quodcumque aliud signum ex institutione, vel voluntario usu, significans plura singularia univoce. Quod tamen signum est res aliqua singularis, et... ipsum solum repræsentative est universale, ita quod esse universale nihil aliud est quam repræsentare vel significare plures res singulares univoce. (Gab. Biel, *In prim. Sentent.*, dist. II, quæst. 8, trad. de B. Hauréau).

2. Occam, *Logica*, part, I, cap. I. Traduct. de B. Hauréau.

Locke ne s'exprime pas autrement : d'après lui, les mots dont nous faisons usage dans le commerce avec nos semblables sont les signes de nos conceptions intérieures (1). Ce qu'on appelle général et universel découle de la propriété de relation attribuée aux mots par l'entendement humain. Les termes généraux et universels n'appartiennent donc point à l'existence réelle des choses, ils sont l'ouvrage de l'entendement (2).

Revenons à présent à la question primordiale de la substance. Nous nous en étions écartés pour exposer le nominalisme d'Occam ; voyons maintenant comment à sa conception de la substance se rattache sa théorie de l'âme et de la connaissance.

« Toute substance est, dit Guillaume d'Occam, un sujet dont l'essence est inaltérable. Or, nulle part, si ce n'est en Dieu, l'on ne trouve la science absolue, la vertu parfaite et sans limites ; donc la science et la vertu, comme toutes les autres qualités du même ordre, ne sont pas des actes entitatifs ; ce sont tout simplement des relatifs, ou des manières d'être d'un sujet, d'une substance, et cette substance est l'âme humaine (3). » Certains réalistes prétendaient encore, on ne l'a pas oublié, que l'âme sensible est un sujet qui diffère de l'âme intellectuelle, puisqu'elles ont, disaient-ils, l'une et l'autre, des opérations qui leur sont propres. C'est encore une doctrine contre laquelle Occam est impatient de protester. L'intelligence et la sensibilité doivent

---

1. *Essai*, liv. III, ch. Ier, § 2.
2. *Ibid.*, ch. III, § 2.
3. Hauréau, liv. III, p. 464. — Occam, *Quodlibeta*, quodlib. I, quæst. XVIII.

être, il est vrai, distinguées, mais simplement comme formes diverses d'un même sujet. (1). « Il n'y a, chez chacun des individus, qu'une âme, qu'une substance spirituelle. Toutes les fois que le réalisme constate quelque phénomène, il s'empresse de poser quelque agent. »

Toute chose réelle est, avons-nous dit plus haut, une chose individuelle !

Quaelibet res eo ipso quod est, est haec res : — Toute science part donc de l'individu, toute connaissance de la sensation. « Que le sens externe soit pris pour un organe ou pour une simple puissance, dans aucune de ces deux acceptions — il ne reçoit une espèce nécessairement formée avant la première sensation » (2). De la sensation naît la mémoire, de la mémoire, l'expérience; c'est à l'expérience que nous devons l'universel, principe de l'art et de la science; « ex sensu, qui non est nisi singularium, fit memoria; ex memoria experimentum, et ita per experimentum accipitur universale, quod est principium artis et scientiæ; et sicut omnis cognitio nostra ortum habet ab individuis. »

Cette expérience constitue la connaissance intuitive. C'est la perception externe ou interne. Certaines intuitions sont « évidentes » et par cela même forcent l'esprit à formuler un jugement. Comme la perception directe porte sur un objet réel, l'intelligence, qui n'est pas du reste, une faculté distincte des sens saisit d'abord le singulier; elle conçoit ensuite la notion de pluralité

---

1. Quodlib. II, quæst. X.
2. In sensu exteriori, sive accipiatur pro organo, sive pro potentia, non imprimitur aliqua species necessario prævia primæ sensatione ».

par l'*abstraction :* « la connaissance *intuitive*, a donc pour Occam une double fonction, elle n'embrasse pas seulement les objets extérieurs ; elle comprend aussi les phénomènes intérieurs, les actes de l'entendement et les affections de l'âme. La première est sensitive ; la seconde intellective. Toute connaissance de la vérité suppose la connaissance intuitive ; mais l'intuition sensitive ne suffit pas ; la puissance des sens n'est pas la cause immédiate et prochaine du jugement porté sur les objets. » — La connaissance *intuitive* d'un objet, est celle en vertu de laquelle on peut savoir si cet objet est ou n'est pas ce qu'il est, de manière que l'entendement en conclut immédiatement qu'il existe évidemment. C'est celle en vertu de laquelle on aperçoit qu'une qualité est attachée à un sujet, si une chose est distante d'un tel lieu, quels sont les rapports des objets entre eux, et par laquelle on obtient ainsi toutes les vérités contingentes.

« La connaissance *abstractive* d'un objet, est celle en vertu de laquelle on peut savoir évidemment d'une chose contingente, si elle est ou n'est pas, et par laquelle on fait ainsi abstraction de l'existence et de la non-existence. Les vérités nécessaires ne s'obstiennent que par les déductions logiques, tirées des prémices » (1).

Mais, ces distinctions ne sont utiles qu'au point de vue logique : « L'âme n'a en réalité qu'une nature unique, laquelle se diversifie selon les fonctions, laquelle, indivisible en elle-même, est le principe de

---

1. Occam : *Quodlibet prol. lib.* I. *Quaest.* 1, 2.

plusieurs actes distincts. L'entendement *actif* et l'entendement *possible*, sont absolument le même ; l'esprit est appelé entendement *actif*, en tant qu'il est capable de produire l'acte de l'intelligence, et *possible*, en tant qu'il peut recevoir en lui-même l'acte qui le produit (1). »

En lisant cette exposition de la théorie de la connaissance de Guillaume d'Occam, le lecteur familiarisé avec les théories de Locke a pu reconnaître l'identité des deux doctrines. Le point de départ est le même ; c'est la sensation. Les phénomènes psychologiques reçoivent chez Guillaume d'Occam et chez Locke la même explication sensationiste (2).

En outre, Locke admet comme Occam deux degrés de connaissance, l'intuitive et la démonstrative correspondant aux deux facultés de sensation et de réflexion. Dans son étendue notre connaissance se borne à la perception claire de la convenance ou de l'opposition qui existe entre nos idées.

Nous avons une connaissance intuitive sensible des objets matériels qui sont présents, une connaissance intuitive intellectuelle de notre existence, une connaissance démonstrative de l'existence de Dieu. Mais voyons chez Guillaume d'Occam quelle théorie de la science est fondée sur son explication sensationiste de la connaissance.

En dernière analyse, l'universel se réduit à un acte de l'intelligence (*actus intelligendi*). Nous connaissons d'abord intuitivement quelque chose de singulier qui

---

1. Voir le commentaire de G. Biel. *Collectorium*, sentent. II, distint. 16.
2. V. chap. précédents sur *les Sources de la théorie sensationiste* et sur *les Qualités primaires et secondaires*.

existe réellement, et l'intellect a le pouvoir de se représenter (*fingere*) les caractères que dans les représentations il ne peut prétendre à la réalité objective. « Intellectus noster primo intelligit intuitive aliquid singulare realiter existens, quo intellecto, potest idem intellectus fingere aliquid consimile prius intellecto, sed illud sic fictum non poterit habere esse subjectivum sed tantum esse objectivum (1). »

Ce mot *fictum* rapproche l'universel des pures fictions, mais Occam l'en distingue. « Est distinguendum de fictis, quia quændum sunt ficta, quibus in re extra non potest consimile respondere, sicut chimæra ; aliqua dicuntur ficta, quibus in esse reali correspondent vel correspondere possunt consimilia, et hujusmodi vocantur universalia (Expos. aur. Perierm. Prvœm). »

L'universel n'est qu'un concept de l'esprit représentant sous un seul mot plusieurs choses singulières : *conceptus mentis significans univoce plura singularia*. La science porte sur l'universel, mais l'universel représente les individus. *Nulla scientia proprie dicta est de individuis, sed de universalibus pro individuis*. Il s'agit toujours d'argumenter en forme. Il n'est pas nécessaire que le général, objet de la science, ait une existence réelle, il suffit que les individus, qui, dans les jugements, sont représentés par un même concept, existent réellement. *Scientia est de rebus singularibus quod pro ipsis singularibus termini supponunt*.

Pour Occam comme pour Locke (v. début du liv. IV), la science humaine n'a donc pas d'objet réel en dehors

---

1. Occam, *Sent.* I, dist. 13, qu. 1.

K.

des notions de notre esprit, elle doit ses principes à l'expérience et consiste à unir les termes selon les lois de la logique formelle. La seule connaissance intuitive mène à la certitude. Or, comme l'intuition ne s'étend pas au delà de l'expérience, la raison ne peut savoir d'une façon certaine quelle est l'origine, la nature et la destinée de l'âme (1). Par rapport à Dieu, nous sommes comme l'aveugle à l'égard des couleurs (2). Nous attribuons divers noms à la cause première ; mais nous ne connaissons point ses attributs, ce n'est pas même une chose facile de prouver son existence, car il n'est pas évident qu'une série de causes secondes ne puisse être infinie (3). Nous pouvons tirer notre notion de l'essence divine de quelques conceptions qui se trouvent vraies en Dieu, comme par exemple quand nous comprenons ce qu'est la justice, la sagesse, etc. Car, quoique ces conceptions disent quelque chose de Dieu, aucune cependant n'affirme réellement Dieu ; comme nous ne pouvons pas le concevoir lui-même (puisque nous ne le voyons pas intérieurement), nous lui attribuons ce qui peut être attribué à Dieu et nous affirmons ces conceptions, non pour elles-mêmes, mais en Dieu (4).

Remarquons le soin que prend Occam de rappeler

1. Occam. *Quodlibet. Dist.* i. *Quæst.* 10.
2. Occam. *Sent.* 1, *dist.* 2. *Quæst.* 9.
3. Occam. *Sent.* 1, *dist.* 2. *Quæst.* 10 et *Quodlibet* 11. quæst. 1. « Non protest probari ratione naturali ratione quod Deus sit causa efficiens alicujus effectus. *Quodlibet. Dist.* II, quæst. 1.
4. « Essentia divina potest a nobis cognosci in aliquibus conceptibus, qui de duo verificantur ut dum, exempli gratia, cognoscimus, quid sit sapientia, justicia, charitas... biet enim hi conceptus dicant aliquid Dei, nullus tamen realiter dicit ipsum quod est Deus ; sed dum caremus concepta Dei propris (quod ipsum intuitive non videmus) attribuimus ipsi quidquid Deo potest attribui eosque conceptus prædicamus non pro se, sed pro Deo. (*Comm. Mag. Sent.*, liv. I.)

que la justice, la sagesse et en général toute qualité, n'existe pas en soi, mais seulement en Dieu. Quant à l'idée de Dieu, Occam y arrive par abstraction. Il est à noter qu'Occam et Locke usent du même procédé inductif pour arriver à l'idée d'infini et passer du relatif à l'absolu. Cette rencontre des deux doctrines provient sans doute de l'adhésion de toutes deux à un principe identique, — savoir qu'il n'y a rien dans l'intelligence qui n'ait été auparavant dans les sens. — Voilà pourquoi Occam et Locke cherchent Dieu dans les données de la sensation et non comme Duns Scot dans un sentiment interne.

En termes plus précis, nous pouvons dire que pour Occam le premier moteur immobile, la cause suprême de toutes les causes secondes, l'éternel créateur de toutes les choses périssables, Dieu, défini de telle ou de telle manière, pourvu de tels et de tels attributs, n'est en fait pour la raison humaine, selon B. Hauréau, que le *plus universel des universaux*. Cette conclusion rappelle exactement celle de Locke (1) (2).

1. *Essai*, liv. II, ch. XXIII.
2. Cf. *Les Théories* de Pierre d'Ailly (1350-1425). « Nous ne pouvons en cette vie, avec les moyens de connaître que nous tenons de la nature, nous représenter Dieu sous une forme et par un concept qui lui soit vraiment propre » (Bouchitté, *Dict. des Scienc. phil.*, au mot Ailly). On connaît la vive polémique de Pierre d'Ailly contre les idées divines. L'essence de Dieu ne comporte, dit-il, aucune division et les idées sont en nombre. Si donc les idées participent réellement de l'essence divine elles ne sont pas réellement en nombre au titre de choses conceptuelles. Il ajoute : « Le mot idée n'est pas le nom d'une réalité, c'est un terme connotatif ; il ne signifie pas précisément une chose mais il se prend pour une chose et en désigne une autre » ; ce qui veut dire : certainement Dieu conçoit tout ce qu'il peut et doit créer, mais l'idée particulière et précise de telle ou telle chose future n'est pas en lui telle ou telle forme réellement permanente. Quelle fausse opinion se fait-on de l'essence divine ! On imagine que Dieu ne peut connaître ses propres créatures sans en avoir les similitudes, les images, logées en quelque sorte dans les cases de

Une fois l'idée de Dieu formée, nous passons à son identification avec l'existence même de Dieu. On peut en effet exprimer par une dénomination extrinsèque que l'on connaît une chose quand on connaît immédiatement ce qui, propre à cette chose, peut en tenir la place et la représenter.

Le concept n'est pas Dieu lui-même, donc la connaissance du concept ne fait connaître Dieu ni médiatement ni immédiatement. Mais voici la conséquence : si Dieu ne peut être connu de cette façon immédiatement en lui-même, il peut du moins être connu en autre chose que lui. Ainsi, ne pouvant pas connaître Dieu en lui-même, nous nous servons pour le représenter d'un concept qui lui est propre, en attribuant à ce concept tout ce qu'on peut attribuer à Dieu, non comme étant ce concept mais comme étant Dieu (1).

Si nous passons maintenant à une question connexe de la précédente, celle de l'immatérialité et de l'immortalité de l'âme, nous rencontrons encore les mêmes

---

son cerveau. Oui, sans doute, quand Dieu connaît telle créature, il en a l'idée ; mais, si le terme de cette connaissance est telle idée, évidemment telle idée n'est pas la cause ni même l'instrument de telle connaissance : « Deus non cognoscit per ideas, ut « per » dicit circunstantiam causæ motivæ, vel potentiæ cognitivæ, vel objecti medii, bene ut improprie dicit circumstantiam objecti terminantis » (Picard, *Thesaur.*, p. 61. verso). — Hauréau, liv. III, p. 456.

1. « Denominatine extrinseca potest dici aliquid cognosci, ex hoc quod aliud immediate cognoscitur quod est proprium sibi, et hoc stare et supponere, pro eo. Et non sequitur conceptus est Deus : ergo per hoc quod conceptus cognoscitur Deus nec mediate nec immediate. Sed sequitur quod propter hoc non cognoscitur immediate et inse sed in alio potest bene cognosci. Et hoc non est aliud nisi quod non possumus Deum in se cognoscere, utimur pro eo uno conceptu proprio attribuendo sibi quidquid potest Deo attribui, non pro se sed pro Deo. Et illud conceptum prædicamus non pro se, sed pro Deo, de omni illo de quo posset Deus ipse in se cognitus prædicari » (*In prim. Sentent.*, dist. III, cap. XXIII).

conclusions chez Occam et chez Locke. Quelle est pour Occam la nature du principe pensant ?

Conséquent avec lui-même, Occam ne peut répondre qu'en faisant appel aux sens et à l'expérience. On ne peut, d'après lui, démontrer ni apprendre par l'expérience que l'âme est immatérielle, incorruptible et indivisible. Nous savons bien par l'expérience que nous avons une intelligence, que nous voulons et que nous ne voulons pas, et qu'il se passe en nous des actes semblables ; mais l'expérience ne nous montre pas que ces faits résultent d'une force immatérielle et incorruptible et tout raisonnement pour le prouver n'aboutit qu'au doute. (1)

On ne peut pas même, continue Occam, prouver démonstrativement que l'âme intellective, qui est tout entière dans le tout et dans chaque partie, soit produite par quelque cause efficiente, car on ne peut pas démontrer qu'une telle âme soit en nous (2).

C'est à la même conclusion que Locke aboutit, trois siècles plus tard, lorsqu'il émet sa fameuse proposition. « Nous ne serons peut-être jamais capables de décider si un être purement matériel pense ou non, parce que nous ne connaissons ni la matière, ni l'esprit. »

Locke se demande si Dieu, ne pourrait pas donner à la matière la faculté de penser et termine son raisonnement en posant, que nous ne pouvons comprendre les

---

1. « Quod illa forma sit immaterialis, incorruptibilis de indivisibilis non potest demonstrari nec per experientiam sciri. Experimur enim quod intelligimus et volumus et nolumus, et similes actus in nobis habemus ; sed quod illa sint et forma immateriali et incorruptibili non experimur et omnis ratio ad hujus probcionem assumpta assumit aliquod dubium ».

2. Occam : *Quodlib*. Dist. I.

opérations de notre esprit limité, de cette chose quelle qu'elle soit qui pense en nous. L'immortalité de l'âme n'est pas une vérité de raison, c'est une vérité de foi (1).

Pour Occam la nature de la forme séparée de la matière est un concept et rien de plus. Si c'est une mystérieuse entité, n'étant l'objet d'aucune intuition, elle n'est l'objet d'aucune science et Guillaume d'Occam est d'accord avec Alexandre d'Aphrodise, Pomponace, Zabarella et Locke pour soutenir que l'immortalité de l'âme peut être admise par la foi, mais non démontrée par la raison.

La position acataleptique prise par d'Occam vis-à-vis du problème de l'âme l'a conduit, ainsi que Locke à considérer le principe pensant, comme une substance unique.

Pour lui les facultés n'ont pas une existence séparée. Gabriel Biel a, sur ce point, résumé la doctrine de son maître : « L'âme, dit-il, n'a qu'une nature unique, laquelle se diversifie selon les fonctions et qui, indivisible en elle-même, est le principe de plusieurs actes distincts. L'entendement actif et l'entendement possible sont absolument les mêmes, l'esprit est appelé entendement *actif* en tant qu'il est capable de produire l'acte de l'intelligence et *possible* en tant qu'il peut recevoir en lui-même l'acte qui le produit. »

Telles sont, dans leurs grandes lignes, les théories logiques et métaphysiques de Guillaume d'Occam. Nous

---

1. Nous n'avons pas cru nécessaire de nous arrêter plus longuement sur l'opinion de Locke, au sujet de l'immortalité de l'âme.
Locke admet, en effet l'immortalité suivant le dogme chrétien. Mais s'il l'accepte en tant qu'il nous est parvenu par la révélation, il ne croit pas que la raison nous amène en aucune solution certaine sur cette question.

croyons avoir suffisamment indiqué la grande ressemblance que ces théories présentent avec celles de Locke, bien que nous soyons forcé de laisser dans l'ombre un grand nombre de détails, tels que certains aperçus sur le langage considéré du point de vue logique. Mais pour l'ensemble, cet exposé a pu démontrer la parenté qui existe entre la doctrine de Locke et celle du grand nominaliste du Moyen Age.

CHAPITRE VI

Le Christianisme raisonnable de Locke et ses rapports avec les doctrines théologiques du Moyen Age.

Trois sortes de propositions d'après Locke : selon la raison ; contraires à la raison ; au-dessus de la raison. — Cette dernière espèce de proposition nous parvient par la révélation. — Doctrine sur les rapports de la Raison et de la Révélation de la lumière naturelle et de l'Écriture sainte. — Distinction entre la foi et l'enthousiasme. — Cette doctrine se trouve déjà en majeure partie chez saint Augustin et Roger Bacon. — Le péché originel d'après Locke. — Les Idées sur le Salut, l'Incarnation et la Rédemption. — Interprétation de l'Écriture sainte. — En quoi consiste *le Christianisme raisonnable*. — Autorité accordée à saint Paul. — Locke et le traité théologico-politique de Spinoza. — Interprétation de la doctrine de saint Paul. — Le Salut et la Rédemption. — Comparaison avec saint Augustin et Roger Bacon. — Même doctrine de la Rédemption chez Abélard et chez Locke. — Conclusion : Locke continuateur des théologiens médiévaux qui font appel à l'idée de perfection.

Notre étude a porté jusqu'ici sur le fondement et le fonctionnement de ce qui est pour Locke la raison naturelle. Nous engagerons maintenant notre recherche sur ce qu'il entend par révélation, nous passerons ensuite aux conceptions qu'il considère comme acquises, par cet autre mode de connaissance — la connaissance religieuse — laquelle implique la foi.

Pour Locke on peut en effet distinguer trois sortes de propositions : 1° les propositions selon la raison, telles que l'existence d'un Dieu ; 2° les propositions contraires à la raison, par exemple l'existence de plus d'un Dieu ; 3° enfin les propositions au-dessus de la raison. Ainsi la résurrection des morts (1). Cette dernière sorte de propositions nous parvient de Dieu par quelque communication extraordinaire. La révélation peut du reste en être tantôt traditionnelle, tantôt originale et personnelle. Mais dans les deux cas « il appartient toujours à la raison, dit Locke, de juger si c'est véritablement une révélation et quelle est la signification des paroles dans laquelle elle est proposée. » Il faut donc distinguer la foi de l'enthousiasme et à cette fin ne pas recevoir comme révélée une proposition avec plus d'assurance que ne le permettent les preuves. En somme, il existe donc deux sources de connaissance, la lumière naturelle et l'Écriture sainte ; deux modes de connaissance : la raison et la révélation. Mais, en définitive, la révélation ne saurait pour Locke contredire la raison ; elle ne fait en quelque sorte que la continuer ; et c'est la raison qui reste en réalité le dernier juge pour distinguer la révélation qui vient vraiment de Dieu des pseudo-révélations.

Locke se trouve ainsi, comme nous allons le voir, le continuateur de saint Augustin, de Roger Bacon et

---

1. *Essai*, liv. IV, ch. XIX.

des partisans médiévaux de la théologie naturelle depuis saint Augustin, jusqu'à Raymond de Sebonde.

Selon saint Augustin, en effet, Dieu ne saurait haïr la raison humaine puisqu'il a donné la raison à l'homme pour le distinguer des êtres irraisonnables, et que d'ailleurs, sans la raison, l'homme ne pourrait croire. « Absit ut hoc in nobis Deus oderit, in quo nos reliquis animantibus excellentiores creavit. Absit, inquam, et ideo credamus, ne rationem accipiamus sive quaremus, cum etiam credere non passemus, nisi rationales animas haberemus » (1).

Il faut donc qu'il existe quelque rapport entre la raison et la foi, qui toutes deux appartiennent à l'homme. Or, il est permis de dire que la foi nous conduit à la connaissance des vérités premières que nous ne pouvons encore comprendre, et que, sous ce rapport, la foi précède la raison ; mais il est hors de doute aussi que c'est la raison elle-même qui nous engage à croire provisoirement à l'existence de ces vérités, et, sous ce second rapport, la raison est antérieure à la foi. « Si igitur rationabile est, ut ad magna quædam, quæ capi nondum possunt, fides præcedat rationem, procul dubio quantulacunque ratio, quæ hæc persuadet, etiam ipsa antecedit fidem (2). » La foi, pour être légitime, doit être fondée sur la raison et ce n'est pas manquer à l'autorité que d'examiner le degré de compétence de ceux à qui nous accordons notre foi. « Neque auctoritatem ratio penitus deserit, cum consideratur, cui sit credendum (3).

1. Ep., 120, 3.
2. Ep., 120, 3.
3. *Ibid.*

Si nous passons maintenant à Roger Bacon, nous verrons que pour lui, l'expérience est la maîtresse de toutes les sciences spéculatives : — « Si ne experientia nihil sufficienter sciri potest. Argumentum concludit, sed non certificat neque removet dubitationem, ut quiescat animus in intuitu veritatis, nisi eam inveniat via experientiæ. Hæc sola scientiarum domina speculativarum » (1).

En matière religieuse, Bacon ajoute à la démonstration mathématique et à la méthode expérimentale une nouvelle forme de connaissance qu'il appelle la foi. C'est une expérience aussi, mais une expérience des choses invisibles. Pour posséder la vérité divine, il faut s'élever d'un degré : *Oportet primo credulitatem fieri, donec secundo sequitur experientia, ut tertio ratio comitetur.*

Roger Bacon a admirablement entrevu le caractère propre de la théologie et le but pratique qu'elle doit poursuivre, lorsque, la plaçant au-dessus de la spéculation pure, il disait que l'entendement pratique (*intellectus praticus*) était plus noble que l'entendement spéculatif (*intellectus speculativus*) (2). Mais il est nécessaire que l'exercice de ce dernier précède l'autre dans l'ordre de la connaissance.

Ainsi, pour saint Augustin, pour Roger Bacon comme pour Locke, la révélation est une sorte de secours divin qui aide ou plutôt prolonge la raison dans une région où, sans secours, elle ne saurait parvenir que parfois, après de longs et fatigants efforts.

1. *Op. mag.*, p. 465.
2. *Op. mag.*, p. 47.

En d'autres termes, la raison est une révélation naturelle ; la révélation une raison naturelle augmentée par un nouveau fond de découvertes émanant immédiatement de Dieu.

Celui qui écarte la raison et n'accepte que la révélation, écarte aussi la lumière de cette dernière, et agit de la même façon que celui qui persuaderait à un autre homme de s'arracher les yeux pour mieux recevoir la lumière éloignée d'une étoile invisible par un télescope.

Et, cependant, si nous considérons les dogmes chrétiens tels que les ont énoncés les théologiens systématiques, ou les partisans de l'interprétation allégorique, nous pouvons nous rendre compte que cette désunion de la raison et de la révélation, ou plus exactement l'acceptation de la révélation, — si l'on en écarte l'examen rationnel, — a conduit aux pires erreurs.

C'est pour dénoncer ces erreurs et pour retrouver la révélation pure de toute fausseté par l'interprétation rationnelle de l'Écriture sainte, que Locke composa son *Christianisme raisonnable*.

Un des premiers points sur lesquels il applique la méthode préconisée, c'est celui du péché originel : « Les uns assurent, dit-il, que toute la postérité d'Adam est condamnée à des supplices éternels et infinis à cause du péché de ce premier homme, de qui des millions d'hommes n'ont jamais entendu parler, et qu'aucun d'eux n'a autorisé à agir en son nom ou à représenter sa personne. D'autres, ne pouvant digérer cette pensée qui leur paraît incompatible avec la justice et la bonté d'un Être suprême, soutiennent que la Rédemption n'était pas nécessaire, qu'ainsi il n'y en a pas eu, aimant mieux la nier absolument que de l'admettre sur une supposition qui est si contraire à l'honneur de Dieu, à ses infinies perfections, de sorte que ces gens-là ne regardent Jésus-Christ, que comme le restaurateur et le prédicateur d'une religion purement naturelle, par où ils renversent la doctrine constante du Nouveau-Testament » (1).

Voilà les deux théories qui se trouvent en présence : d'accord avec ses principes, ne voulant pas accepter une théorie de théologien, Locke va demander à la Bible interprétée rationnellement, ce qu'il faut penser du péché du premier homme, de ses conséquences pour lui-même et pour sa postérité. Si nous lisons les Écritures sans préjugé (comme le recommande Locke), nous verrons qu'en péchant, notre premier père est déchu d'un état d'obéissance absolue et parfaite que le Nouveau Testament désigne habituellement par le mot de justice. A cause de cette même transgression, Adam fut chassé du Paradis où il jouissait de *la paix* et de *l'immortalité*. Adam devint donc malheureux et mortel, et tout cela parce qu'il fut éloigné de cet heureux séjour où avait poussé cet arbre qui donnait la vie éternelle. Sa vie devint dès lors une suite de transgressions, une vie de désobéissance. S'appuyant sur Romains V, 15, Locke nous dit : « Par Adam, la mort est entrée dans le monde. »

Tout cela, c'est Locke qui parle, est clairement enseigné par l'Écriture.

1. *Christianisme raisonnable*, chap. 1er, trad. de Coste.

N'est-il pas étrange, incompréhensible, dit Locke, d'admettre qu'une loi dont le caractère doit être la simplicité même, pour être comprise de tout le monde, donne au mot mort le sens d'une vie éternelle accompagnée de châtiments interminables et de souffrances infinies? Dans le passage Genèse II, 17, le mot mourir signifie cesser d'être, perdre la vie, le sentiment. Dieu a condamné Adam à la mort, au non-être. C'est la première partie de la sentence que Jehovah prononça contre le premier homme.

La seconde partie du verdict dont Dieu frappa Adam nous est relatée par le chapitre III de la Genèse, versets 17 et 19.

« Puis Dieu dit à Adam : par ce que tu as mangé le fruit de l'arbre au sujet duquel je t'avais donné ce commandement : tu n'en mangeras point, la terre sera maudite à cause de toi, tu en retireras la nourriture par un travail de tous les jours... Tu mangeras le pain à la sueur de ton visage jusqu'à ce que tu retournes en poudre. » Immortalité et félicité, voilà ce que l'homme a perdu en transgressant le commandement divin.

Selon Locke, si Dieu accorde aux hommes une vie passagère et mortelle, c'est une grâce qu'il leur fait, et qu'ils doivent à sa bonté. Ils n'ont aucun droit d'y prétendre comme à une chose due. Dieu ne leur fait point de tort lorsqu'il la leur retire. Ainsi, cette vie précaire, passagère que mène l'homme, loin d'être une punition, est une pure grâce de Dieu. Même avec toutes les misères qui lui sont inhérentes, elle vaut mieux que le non-être, ce qui ressort clairement de tout le prix que nous y attachons nous-mêmes. Il est donc vrai de dire que, bien que tous meurent en Adam, personne n'est puni véritablement que pour ses propres démérites.

Voici les passages que Locke apporte à l'appui de sa thèse (Romains, II, 6,9) : Qui rendra à chacun selon ses œuvres ; (II Corinthiens, V, 10) : Car il nous faut tous comparaître devant le tribunal de Christ, afin que chacun reçoive selon le bien ou le mal qu'il aura fait, étant dans son corps. (Matthieu, VIII, 23) : Alors je leur dirai ouvertement : « Je ne vous ai jamais connus, retirez-vous de moi, vous qui faites métier d'iniquité. (Matthieu, XXV, 42) : Car j'ai eu faim et vous ne m'avez pas donné à manger, j'ai eu soif et vous ne m'avez pas donné à boire. (Matthieu, XVI, 27) : Car le fils de l'homme doit venir dans la gloire de son père, avec ses anges ; et alors il rendra à chacun selon ses œuvres.

Tel est le court exposé de la doctrine de Locke sur le péché originel.

En outre, Locke a longuement réfléchi et écrit sur la question du salut ; cette question remplit presque tout l'ouvrage qui nous occupe.

D'après Locke, la venue du Christ s'est effectuée en dehors des lois ordinaires de la nature. « Par un effet de son infinie miséricorde, Dieu voulut que tous les hommes mortels de leur nature, pussent jouir d'une vie éternelle. Il envoya Jésus-Christ dans le monde, lequel ayant été conçu par la puissance immédiate de Dieu, dans les flancs d'une vierge, qui n'avait point connu d'homme, était proprement le Fils de Dieu, selon que l'ange dit à sa mère : « Le Saint-Esprit surviendra en toi, la vertu de Très-Haut te couvrira de son ombre, c'est pourquoi le fruit saint qui naîtra de toi sera appelé le Fils de Dieu. » (1)

Cette conception et cette venue du Christ est donc un miracle dû à la miséricorde divine. Un miracle est en effet pour Locke, une opération sensible qui, étant au-dessus de la compréhension du spectateur et étant contraire à sa connaissance du cours ordinaire de la nature, doit être considérée comme divine (2).

D'autre part, Jésus est bien le fils de Dieu, car Dieu l'a créé d'une façon immédiate ; mais il n'est pas Dieu, il est tout au plus une personne divine. Christ n'est pas le Dieu Suprême, car il n'est honoré que parce que Dieu lui a confié tout jugement (Jean, V, 22, 23) ; mais le Dieu Suprême mérite le plus grand honneur ; il doit être honoré pour lui-même, pour l'amour de lui-même, et non pour une autre raison. Car l'amour du Père est la base et la raison de l'amour du Fils (I, Jean, V, 1) ; il est le Fils du Très-Haut (Luc, I, 32) ; et par là, il est distinct du Très-Haut. Le Père est plus grand que lui.

Dieu a fait le Fils Seigneur (*Actes*, II, 39 ; Philippiens, II, 9, 10). C'est par le Père que sont toutes choses.

La gloire et la grâce que nous rendons au Christ, la

---

1. *Christianisme raisonnable*, chap. XI.
Dans son *Christianisme raisonnable*, Locke, a plusieurs reprises, fait appel au témoignage de Jean Biddle, théologien anglais qui a écrit en 1648 un ouvrage de valeur intitulé : *Confessions of failh concerning the holy Trinity and testimonies of Irenoeus*.
2. To discourse of miracles without defining what on means by the word miracle, ist to make a show, but in effect to talk of nothing.
A miracle then I take to be a sensible operation, which, being above the comprehension of the spectator and his opinion contrary to the etablished course of nature, is taken by him to be divine. (*A Discourse of Miracles*, vol, IX, édit. de 1823).

foi et l'espérance que nous plaçons en lui, ne demeurent pas en lui, à travers le Fils, elles tendent vers Dieu le Père (Philippiens, II, 9, 10; Pierre, I, 21; Jean XII, 44; Romains, I, 8, XVI, 27); c'est pourquoi il est égal au Père.

Il remettra son royaume à Dieu, le Père et se soumettra à lui (I Corinth., XV, 24, 25, 28). Il sera sujet quant à sa nature humaine : 1° cette distinction ne se trouve pas dans la Parole de Dieu ; 2° elle demande à être examinée, car elle suppose deux natures en Christ; or, c'est là ce qui est en question ; 3° elle met deux personnes en Christ. Est sujet quiconque est gouverné et soumis, or, il n'y a que les personnes qui puissent l'être, comme il n'y a que les personnes qui puissent exercer la fonction de roi. C'est pourquoi nos adversaires doivent nous accorder que la personne du Christ qu'ils considèrent comme une Personne d'une Divinité Suprême, rend sa royauté et devient soumise, ou que sa nature humaine constitue sa personne.

La seconde de ces deux opinions renverse la doctrine trinitaire, la première se détruit elle-même *ibid.*, 7, 4. Il est dit que le Fils lui-même devient sujet : mais comment le fils lui-même peut-il devenir sujet, si c'est seulement une nature humaine, ajoutée au Fils, qui est soumise, et non la véritable personne de Fils.

Dieu l'a élevé et fait Seigneur (Philipp., X, 9; IV, 24). Si le Fils éternel de Dieu, égal au Père et de même essence que lui, était conçu et né de la Vierge Marie, pourquoi l'ange dit-il à Joseph que ce qu'elle avait conçu était du Saint-Esprit (Matthieu, I, 20 ; Luc, I, 35). Le Saint-

Esprit surviendra en toi, et la vertu du Très-Haut te couvrira de son ombre, — c'est pourquoi le saint enfant qui naîtra de toi sera appelé le Fils de Dieu (*Actes*, X, 38 ; Luc, XXII, 48 ; Matth., XXVII, 46).

Locke continue par la critique de trois arguments en faveur de la divinité absolue du Christ.

1° Comment un Dieu peut-il satisfaire un Dieu ? Si une personne en satisfait une autre, celle qui satisfait n'est jamais satisfaite, ou bien elle pardonne (Jean XX, 17 ; Éphésiens, I, 7 ; Hébreux, I, 8, 9) ;

2° Un Dieu puissant (*allusion* à Essaïe, IX, 6), car en hébreu, il est appelé El Gibbor, et non Haël Haggibor, comme le Seigneur des Armées (Jérémie XXXII, 18). En outre, à la fin du verset 9 (Hébreux, I, 9), Christ est distingué du Seigneur des Armées, sa divinité dépend de la bonté du Seigneur des Armées ;

3° Dieu est au-dessus de toutes choses (*allusion* à Romains, IX, 5).

Le Fils de Dieu, dit Locke, est éternel comme son Père, c'est ce que Jésus nous apprend dans Jean, V, 26. Comme le Père a la vie en lui-même, il a donné au Fils d'avoir la vie en lui-même. Jésus est l'image du Dieu invisible ; la mort n'a pas de puissance sur lui ; étant le Fils de Dieu, et n'ayant jamais perdu cette filiation, il est héritier de la vie éternelle, comme Adam l'aurait été en persévérant dans l'obéissance filiale qu'il devait au Dieu Créateur. Dieu a un fils dans le monde ; ce fils est immortel par naissance ; il est le premier né entre plusieurs frères. Tous ceux qui ont l'honneur d'être ses frères peuvent dire présentement par l'esprit d'adoption Abba, Père. Étant ainsi parvenus par son moyen à la gloire d'être ses frères et les enfants de Dieu, nous participons par voie d'adoption à l'héritage qui lui appartient par un droit naturel, comme étant le Fils de Dieu par naissance, et cet héritage consiste dans une vie éternelle.

Les hommes deviennent immortels par adoption. Jésus-Christ l'était naturellement de plein droit. Il l'était : 1° par sa naissance, ou plutôt par sa conception surnaturelle ; 2° par sa vie conforme à la volonté divine, vie qui lui a permis de conserver sa filiation avec le Père Céleste. Jésus n'a pas connu le péché dont le salaire est la mort et l'anéantissement.

Jésus a été récompensé de ses souffrances et de sa parfaite obéissance, par un royaume que Dieu lui avait préparé (Luc, XXII, 29). C'est pourquoi je dispose du royaume en votre faveur, comme mon Père en a disposé pour moi (Hébreux, XII, 2). Regardant en Jésus le chef et le consommateur de la foi, qui, à cause de la joie qui lui était proposée, a souffert la croix, méprisant l'ignominie et s'est assis à la droite du trône de Dieu. Locke cite les textes où il trouve la confirmation de son opinion, ce sont : Jean, XVII, 1-4 ; Philippiens, II, 8-11.

En résumant tout ce que nous venons de dire sur le Christ de Locke, nous aboutissons aux déclarations suivantes : Le Christ des philosophes anglais est un être divin, pur, obéissant et immortel que Dieu a prévu et a préparé pour sauver le genre humain, pour arracher les hommes à l'anéantissement, et qu'il a miraculeusement introduit dans le monde.

Locke a donné à son Christ une divinité restreinte ; il n'y a qu'un être qui puisse revêtir certains attributs comme l'Éternité, la Toute-Puissance, et l'Omniscience, cet être est Dieu ; or, nous l'avons vu, Jésus n'est pas Dieu, mais simplement être divin. Le rôle de Jésus est dans une grande mesure celui d'un révélateur.

Pour être plus complet, nous devons dire que, d'après Locke, Jésus-Christ a opéré des miracles, et que ces miracles ont eu indirectement pour but d'amener les hommes à croire à sa Messianité.

D'après Locke, il faut uniquement et nécessairement croire que Jésus est le Messie, Fils de Dieu. Locke ne fait pas dépendre le salut de l'homme de l'adhésion à tel ou tel fait chrétien.

Ch. de Rémusat a fort bien exprimé la pensée de notre auteur sur ce point : « On voit, dit Rémusat, combien Locke est réservé sur le dogme. Le ton affirmatif des écoles théologiques le détournait de beaucoup affirmer ; mais il serait injuste de prendre ses omissions pour des négations. Son but est de montrer qu'on peut être chrétien, et comment on doit l'être, plutôt que d'établir en quoi consiste dans toutes ses parties la doctrine chrétienne. Il veut fonder la foi à la religion, plutôt qu'exposer la religion même (1) ».

Si nous reprenons maintenant les conceptions mêmes de Locke relativement au Christ et à la Rédemption, ces conceptions ne doivent pas nous en étonner. Locke, comme Spinoza, dans son *Tractatus théologico-politicus* — interprète saint Paul suivant la méthode ration-

---

1. *Philosophie anglaise*, p. 340.

nelle, c'est-à-dire suivant l'idée de perfection. Locke et Spinoza considèrent comme vraisemblable l'opinion médiévale sur la valeur dogmatique qu'on peut attribuer à saint Paul.

La source de l'opinion de Locke relativement à Jésus-Christ est clairement indiquée chez saint Paul dans le passage de la première épître aux Corinthiens (XI,3), relatif à la tenue des femmes. « Je désire que vous sachiez, dit-il, que le chef de tout homme c'est Christ et que le chef de Christ c'est Dieu. Il n'en est pas seulement le chef, mais encore le Père, c'est-à-dire le Créateur. » (II Cor. XI, 31).

En outre, selon saint Paul, depuis l'origine du monde, Dieu avait formé le projet d'amener un jour tous les hommes à la sainteté et au bonheur. Il aurait fallu pour cela, que tous les hommes lui obéissent et lui fussent fidèles. Mais ils se sont éloignés de lui et le péché du premier homme s'est propagé à travers les générations.

Les hommes se sont donc détournés de Dieu et sont tous dévoyés, sous l'influence du péché qui devient la loi de leurs membres ; la chair a triomphé de l'esprit et le mal règne en maître.

Saint Paul se demande ce qu'il faut faire pour le salut de l'humanité. Pour l'arracher à la ruine qui la menace, il est nécessaire que le péché soit vaincu dans la chair et c'est ici que Dieu donne une nouvelle preuve de sa bonté, en envoyant le Christ parmi les hommes. Il a suscité parmi eux un être tel que le péché n'eût point de prise sur lui et que les autres hommes, le voyant triompher du mal, comprissent que c'était là le vrai chemin à suivre, et puissent par leur foi en lui, se débarrasser de leurs iniquités.

C'est cette foi, c'est-à-dire leur communion avec le Christ, qui les rendra justes, qui leur apprendra l'insuffisance du formalisme résultant d'une fausse interprétation de la loi, et la nécessité d'une piété intérieure et bien vivante.

Mais il ne suffisait pas, continue saint Paul, de donner aux hommes une nouvelle direction, de leur indiquer le moyen d'aller au bien, il fallait encore tuer le péché même, en substituant à l'ancienne humanité une humanité nouvelle. Il était donc nécessaire que le Christ se substituât à l'humanité, afin de la faire mourir en lui et de la soustraire ainsi à l'influence du mal; car celui qui est mort est libéré du péché (Rom., VI, 7).

M. Sabatier dans son livre *l'Apôtre Paul* fait remarquer, que l'idée d'une satisfaction offerte à Dieu par la mort de Jésus, est tout à fait étrangère à la doctrine de saint Paul. Pour saint Paul, l'œuvre de la Rédemption n'est pas le résultat de la volonté de Jésus cherchant à sauver les hommes, elle est le résultat de son obéissance et de son amour de Dieu.

L'œuvre de salut était décidée par Dieu, dès le commencement du monde, Jésus n'a fait que remplir la mission déterminée d'avance et son activité se borne à une obéissance absolue.

L'idée de mort est inséparable, dans la pensée de saint Paul, de celle de résurrection. Jésus, en effet, devait débarrasser l'homme de la crainte de la mort, qui est le salaire du péché. Il devait lui montrer que le péché une fois anéanti, la mort n'avait plus aucune puissance. Voilà pourquoi Dieu le ressuscite. Et, de même que toute communion avec la mort du Christ assure au fidèle l'anéantissement de ses fautes, elle lui assure aussi la vie (Rom., VIII, 34).

Selon saint Paul, Jésus-Christ n'est donc qu'un instrument, et le grand privilège qu'il a reçu consiste à être choisi par Dieu pour être son Messie. Nous constatons ainsi que l'influence de saint Paul est considérable dans *le Christianisme* de Locke.

Au reste, les résultats auxquels aboutit sa méthode d'interprétation de la parole révélée et principalement de saint Paul ont une grande ressemblance avec quelques interprétations médiévales sur ce même sujet de la *Rédemption*. Par exemple, à propos de la méthode exégétique, nous avons vu plus haut que saint Augustin et Roger Bacon lus peut-être par Locke qui les nomme dans *l'Essai* où auxquels il fait allusion, avaient pu avoir de l'influence sur lui. Sa méthode appliquée à l'Écriture sainte, amène aux conclusions que nous avons trouvées dans *le Christianisme raisonnable*.

En outre, il est intéressant de voir Locke se rencontrer sur le point principal de la doctrine chrétienne avec Abélard.

Pour Abélard, comme pour Locke, la Rédemption n'a eu en effet d'autre résultat que de révéler à l'humanité la loi suprême de l'amour et de l'inciter à aimer le Dieu miséricordieux qui a envoyé son Fils dans le monde sauver l'humanité pécheresse de la damnation éternelle. Selon Abélard, la vie du Christ est l'idéal le plus parfait que nous ayons à suivre et à réaliser.

« Christ nous rend spirituels par sa doctrine, son exemple et la suprême manifestation de son amour, de sorte que nous ne marchons plus selon la chair, mais nous nous laissons conduire et diriger par l'Esprit; nous progressons ainsi dans la vie chrétienne; nous allons de vertus en vertus » (1).

En somme, nous pouvons affirmer que si Abélard et Locke se rencontrent sur ces points de doctrine, c'est qu'ils appliquent comme saint Augustin, saint Thomas et Roger Bacon la même méthode d'interprétation de l'Évangile. Ainsi par les principes de ses doctrines religieuses comme par la partie métaphysique de son œuvre, — nous pouvons dire que Locke se montre vraiment le continuateur des théologiens médiévaux qui font appel à l'idée de perfection.

1. Abélard, *Comment. in epist. ad Rom.*, p. 631.

CHAPITRE VII

Les Conceptions théologiques de Locke :
Influence du plotinisme médiéval.

———

Position de Locke à l'égard des questions théologiques. — Influence de Sextus Empiricus, de Nicolas de Cusa et de Descartes. — Comment on peut reconstituer les doctrines théologiques de Locke. — L'Idée de Dieu est selon Locke une vérité éternelle. — La Conception scotiste de la substance critiquée par Locke. — Locke continuateur du Plotinisme dans sa réfutation du panthéisme. — Origine de l'idée de Dieu : trois théories en présence : celle de Plotin, Scot Erigène et saint Anselme; celle de Robert de Lincoln, Roger Bacon et saint Thomas ; celle de Raymond de Sebonde et de Locke. — Preuve de l'existence de Dieu d'après Locke ; c'est la preuve cosmologique exposée par saint Thomas par voie de causalité, et que Locke préfère à la preuve ontologique de saint Anselme. — Preuve par voie d'attribution suréminente chez le Pseudo-Denys et chez Locke. — La Question des attributs divins. — Locke fait une grande place à la théologie négative. — Il admet aussi une théologie positive. — L'Attribution suréminente : l'idée d'infinité appliquée en Dieu à la durée, à l'espace et à la puissance. — Éternité, ubiquité et toute-puissance divines. — Origine médiévale de toutes ces doctrines chez le Pseudo-Denys, Origène, saint Augustin, saint Jean Damascène, saint Anselme et Roger Bacon. — Conception de la toute-puissance divine. — L'Intelligence est en Dieu antérieure à la volonté. — Comparaison avec Plotin, Alexandre de Halès, saint Thomas et Spinoza. — Optimisme de Locke comparé à celui de Plotin, de saint Augustin, de Guillaume d'Occam et de Marsile Ficin. — Conclusion.

Nous arrivons dans ce chapitre aux conclusions métaphysiques, théologiques et morales de l'œuvre entière de Locke.

Au reste, les conclusions métaphysiques se reduisent à une seule, que nous trouvons avouée plutôt que formulée dans ce passage où Locke conçoit que « l'acte de percevoir est incompréhensible, qu'il peut seulement être résolu dans le bon plaisir de Dieu (1). »

Mais sur cette affirmation, il ne faudrait pourtant pas prendre Locke pour un acataleptique. C'est pour ainsi dire un sceptique (2), qui, après avoir fait l'examen de la connaissance humaine, déclare que l'essence réelle des choses nous échappe, mais que notre certitude logique étant fondée sur la convenance et la disconvenance entre les idées abstraites, nous pouvons néanmoins par le seul exercice de notre réflexion parvenir à la principale certitude : celle de l'existence de Dieu, l'Être suprême et incompréhensible. Cette existence est aussi évidente, dit Locke, qu'un axiome mathématique. Elle est la base des principes de morale que nous pouvons déduire par le raisonnement d'une façon aussi certaine que les théorèmes de géométrie. A cette connaissance rationnelle vient s'ajouter, comme nous l'avons vu, la révélation.

Mais, pour Locke, en dehors de la connaissance démonstrative et de la révélation, toute autre connaissance est chez l'homme faible et bornée — elle ne peut arriver à la science et n'atteint que le probable.

1. Examination on Malebranche.
2. V. art., *Sceptique* dans *la Grande encyclopédie* (art. de M. Fr. Picavet).

Nous trouvons donc chez Locke deux tendances qui se complètent. Bien que différentes elles présentent à leur point de départ une idée commune. Ces deux tendances sont : — la tendance critique et la tendance théologique. Le commun point de départ c'est la crainte du dogmatisme. Sur les questions théologiques d'abord, nous verrons que plus encore que sur les autres problèmes, Locke s'est largement inspiré des philosophes médiévaux : principalement d'Origène, de saint Augustin, du Pseudo-Denys, de saint Jean Damascène, de Scot Érigène, des Thomistes, de Duns Scot, de Guillaume d'Occam et de Raymond de Sebonde.

Il serait plus difficile de trouver les sources de la tendance critique de Locke.

Elle est, semble-t-il, plus originale. Cependant, on peut sans crainte affirmer que outre l'étude de Descartes, la lecture des sceptiques grecs, *de Sextus Empiricus* en particulier, dont les éditions se sont succédé du XVI au XVIII° siècle, n'a pas été étrangère à la formation intellectuelle de Locke, ainsi que de son contemporain Glanville (1), qui offre avec lui beaucoup de ressemblance. Il se pourrait également que Locke ait eu connaissance de l'œuvre de Nicolas de Cusa, l'apologiste de la docte ignorance (2).

Le mot comme la chose se trouve assez fréquemment sous la plume de Locke. Quoiqu'il en soit, si la tendance critique de Locke n'avait pas eu autant d'impor-

1. V. Ch. de Remusat, *Philosophie anglaise*.
2. Nicolas de Cusa (1401-1464), Œuvres : Paris, 1514 ; Bâle, 1565. — *Dialog. de Deo abscondito; de Docta ignorantia*, lib. III; *Apologia*, lib. III ; *de Visione Dei*. — Commentaire philosophique d'un passage de saint Paul.

tance dans son œuvre, on peut croire que Locke eût été au moyen âge un remarquable théologien. On trouve, en effet, dans *l'Essai*, l'esquisse d'une théologie qui, tantôt inspirée par les traditions médiévales, tantôt d'une originalité hardie, offre le plus haut intérêt. On pourrait rien qu'en relevant dans *l'Essai* tous les passages qui ont les attributs et la nature de Dieu pour objet, saisir dans son ensemble, quelle aurait pu être cette théologie — si Locke en avait fait un système.

Nous nous efforcerons en procédant ainsi de reconstituer les phases principales de cette théologie, en recherchant quelles en sont les sources médiévales d'une part ; et de l'autre, quelle est la part originale de Locke.

D'après Locke, nous ne pouvons connaître certainement aucune chose existant hors de nous — au delà de ce que nos sens nous en apprennent. Mais exception est faite en faveur des idées abstraites, telle que l'existence de Dieu. Locke met la certitude de cette existence au nombre des vérités éternelles. En effet, dit-il, — « les vérités qui appartiennent aux essences des choses, c'est-à-dire aux idées abstraites, telle l'idée de Dieu, sont éternelles ; et l'on ne peut les découvrir que par la contemplation de ces essences, tout aussi bien que l'existence des choses ne peut-être connue que par l'expérience. » Telle est la place que Locke assigne dans la connaissance à l'idée de Dieu, envisageant cette connaissance du point de vue métaphysique.

Si nous considérons maintenant du point de vue logique, nous pouvons dire que nous avons l'idée de trois sortes de substances : — Dieu, les intelligences finies, et les corps. — Nous avons donc une triple connaissance : celle de l'existence de Dieu, par réflexion, celle de nous-mêmes par intuition, celle des corps par expérience (rappelons qu'il existe une quatrième sorte de connaissance : la révélation). Mais il est entendu que nous prenons la notion de substance au sens d'un certain nombre d'idées constamment réunies, regardées comme appartenant à un seul objet, et désignées par un seul nom. Le langage nous porte à en parler comme d'une idée simple. Une substance est un tout existant par lui-même et indépendant de toute autre chose. Mais, en fait, chaque substance dépend de toutes les autres.

Il résulte donc de cette conception de la substance, que Locke devait critiquer la notion trouvée chez Duns Scot en particulier de « pure substance en général ». Pour Duns Scot, en effet, il faut réserver le mot d'essence aux qualités exprimées par la définition ou aux idées qui représentent le genre et l'espèce, et envisager la substance comme un substratum. Duns Scot enseigne expressément (1) que la matière première dépouillée de toute forme, c'est-à-dire le sujet passif, est un, de même que Aristote distinguait dans chaque individu l'être proprement dit.

Cette matière entre à la fois dans la substance des hommes et dans celle des anges, elle alimente également les esprits et les corps.

Locke critique vivement cette notion de « pure subs-

---

1. Duns Scot. *Traité du Principe des choses*, liv. III des œuvres complètes — quæst. 7, art. 1er et sq.

tance en général », l'esprit n'en a point d'autre que celle d'un je ne sais quoi, de je ne sais quel sujet qui lui est tout à fait inconnu et qu'il suppose être le soutien des qualités ou accidents. Il réfute surtout cette unification de la substance des corps et de celle des esprits. D'après Locke, nous avons l'idée d'une substance matérielle, l'idée d'une substance spirituelle, nous ne connaissons pas l'une plus que l'autre. Il serait donc arbitraire de les réduire à l'unité.

Nous trouvons ainsi chez Locke la réfutation de ceux qui affirment l'existence d'une seule substance pour Dieu, les esprits et les corps. Locke continue la réfutation du panthéisme exactement de la même manière que l'ont réfuté Plotin et ses successeurs médiévaux.

« Je souhaiterais, au reste, dit Locke, que ceux qui appuient si fort sur le son de ces trois syllabes — substance, prissent la peine de considérer, si, l'appliquant, comme ils font à Dieu, cet Être infini et incompréhensible, aux esprits finis, et aux corps, ils le prennent dans le même sens ; et si ce mot emporte la même idée lorsqu'on le donne à chacun de ces trois êtres si différents. S'ils disent que oui, je le prie de voir s'il ne s'ensuivra point de là : que Dieu, les esprits infinis, et les corps participants en commun à la même nature de substance ne diffèrent point autrement que par la différente modification de cette substance, comme un arbre et un caillou qui, étant corps dans le même sens, et participant également à la nature du corps, ne diffèrent que dans la simple modification de cette matière commune dont ils sont composés, ce qui serait un dogme bien difficile à digérer : » (1)

Locke conçoit ainsi comme, du reste, Descartes, deux sortes de substances spirituelles : Dieu et l'âme immortelle qui est en nous. Cette dernière substance spirituelle, notre âme, est perçue par nous par intuition. Nous mettons de côté la notion d'anges seulement conçue par révélation. Quant à l'idée de Dieu, elle nous vient non par intuition, non par réminiscence, mais par réflexion.

En un mot, l'idée de Dieu n'est pas innée. Locke se met sur ce point en contradiction avec saint Anselme et suit plutôt la doctrine de saint Thomas, de Raymond Lulle et de Raymond de Sebonde.

Pour Plotin, au contraire, comme pour Scot Érigène, nous avons connu l'idée de Dieu quand nous vivions dans le monde intelligible, et nous pouvons encore l'y connaître. Si nous nous en trouvons séparés dans ce monde sensible, nous pouvons toutefois nous y élever de nouveau par faculté de la réminiscence qu'on exerce en recherchant les analogies de ce monde sensible avec le monde intelligible. « Il y a un moyen sûr d'arriver à Dieu, dit Scot Érigène, c'est d'étudier notre pensée ; considérons notre âme, cherchons y pieusement le Dieu suprême, il nous sourit avec complaisance. (2) »

La seconde doctrine a été exposé par Robert de Lincoln, Roger Bacon et soutenue par saint Thomas en particulier. C'est celle de la perception de l'intellect

---

1. *Essai*, liv. II, ch. XIII, § 18.
2. Scot Erigène, *de Divisione naturæ*, lib. II, qu. 24, p. 137, trad. de Saint-René Taillandier.

agent identifié avec Dieu. (1) C'est un rappel de la définition de saint Jean l'Évangéliste : « Dieu, la vraie lumière des intelligences qui illumine tout homme venant en ce monde. »

Enfin, nous pouvons admettre une dernière explication de l'idée de Dieu ; cette explication nous est fournie par Locke : Dieu, l'Être tout puissant a donné aux hommes mieux que l'innéité de certains syllogismes, il les a doués de la faculté de raisonner. Par l'exercice de leurs facultés intellectuelles, par réflexion, abstraction et généralisation ils peuvent arriver à la connaissance suprême, celle de l'existence de Dieu.

Au fond, cette doctrine a présenté peu de différence avec la doctrine plotinienne et celle de l'intellect actif. Elle considère seulement d'un autre point de vue une révélation identique. Au lieu d'admettre une illumination directe par Dieu, elle admet une illumination indirecte, Dieu pouvant être connu par ses œuvres et se révélant par elles. Au reste, cette connaissance indirecte de Dieu n'exclut pas l'autre. Locke admet en effet, comme nous l'avons vu, une révélation directe de l'intelligence divine. Il admet même que les anges et les âmes bienheureuses perçoivent le divin par l'intuition qui constitue le plus haut degré de connaissance (2).

Avant Locke, Gabriel Biel avait dit : « Notre science de Dieu est assez courte.

« Dans le ciel nous le connaîtrons par intuition. Ici-bas

---

1. Deus... Ipse est, qui illuminat animas hominum in omni sapientia ; et quia illud quid illuminat mentes nostras, vocatur a theologis intellectus agens (R. Bacon, *Op. tert.*, ch. XXIII).
2. *Essai*, liv. IV, ch. XVII, § 14.

nous recourons, pour parvenir à lui, au procédé d'abstraction ; mais ce procédé ne nous permet pas d'obtenir un concept de Dieu qui le désigne en lui-même d'une manière absolue et exclusive. » (1)

En résumé, l'innéité n'est pas la seule explication plausible de l'idée que nous avons de l'existence de Dieu. « Quoique Dieu ne nous ait donné aucune idée de lui-même qui soit née avec nous ; quoiqu'il n'ait gravé dans nos âmes aucuns caractères originaux qui nous y puissent faire lire son existence, cependant on peut dire qu'en donnant à notre esprit les *facultés* dont il est orné, il ne s'est pas laissé sans témoignage, puisque nous avons des sens, de l'intelligence et de la raison, et que nous ne pouvons manquer de preuves manifestes de son existence, tandis que nous réfléchissons sur nous-mêmes » (2).

Passons maintenant, après l'explication de l'idée de Dieu, aux preuves de l'existence de Dieu. Cette existence, continue Locke, est « la vérité la plus aisée à découvrir par la raison, et son évidence égale, si je ne me trompe, celle des démonstrations mathématiques. »

L'œuvre même de Locke est donc l'exposition d'une des preuves de l'existence de Dieu ; la connaissance des facultés dont Dieu a orné notre esprit.

Locke préfère cette preuve à l'argument ontologique de saint Anselme. Il ne faut pas dire qu'il refuse de donner son adhésion à cet argument, mais il trouve que « l'idée que nous avons d'un Être tout parfait n'est

---

1. Gabriel Biel (1425-1495), *Collect. prol.* q. II, VII.
2. *Essai*, liv. IV, ch. X, § 1.

pas la seule preuve de l'existence d'un Dieu (1). » Il conçoit plutôt qu'il n'y a point « de vérité plus certaine et plus évidente que celle-ci, que les perfections invisibles de Dieu, sa puissance éternelle et sa divinité sont devenues visibles depuis la création du monde par la connaissance que nous en donnent ses créatures (2). »

Saint-Thomas et Raymond de Sebonde s'expriment de même façon : « l'homme ne connaît les êtres du monde extérieur et la substance de l'âme que pour s'élever à la connaissance de Dieu (3). »

L'entendement humain, continue saint Thomas peut en effet démontrer l'existence et certains attributs de Dieu par une triple voie : par la voie de causalité; par la voie d'exclusion, et par la voie d'attrubition suréminente (4). La première méthode établit simplement l'existence de la cause première ; la seconde, la voie d'exclusion sépare de cette cause l'imperfection et la limite ; la troisième, attribue à Dieu à un degré de suréminence ὑπεροχικῶς, comme s'exprime Denys l'Aréopagite dans son traité des noms divins, — les perfections que nous découvrons dans les plus nobles créatures (5).

Prenons d'abord la voie de causalité. Pour cela nous n'avons besoin que de faire réflexion sur nous-mêmes et sur la connaissance indubitable que nous avons de

1. *Essai*, liv. IV. ch. X, § 7.
2. *Ibid.*
3. Saint-Thomas. *In Boet. de Trinitat.* (début).
4. Saint-Thomas : — « Tripliciter proficit meus humana in cognitione Dei : primo secundum quod cognoscitur egus efficacia in producendores..., et quod magis ae magis elongatus ab his omnibus quæ cn effectibus apparent... ; et prount nobiliarum effectuum causa eognoscitur ; quia cum ejus similitudinem altiori modo gerant, magis iminentiam ejus commendant » (*In Boet. de Trinitat quæst.*, l. a. 2.)
5. Denys l'Aéropagite, *De divin. nomin.*, c. IV, § 7.

notre propre existence. Nous savons donc que quelque être réel existe. Or, le non-être ne pouvant produire aucun être (*non entity cannot produce any real being*), il est d'une évidence mathématique que quelque chose a existé de toute éternité, puisque ce qui n'est pas de toute éternité — a un commencement et que tout ce qui a un commencement doit avoir été produit par quelque chose.

La matière, en particulier, ne peut rien produire, ni mouvement, ni pensée, ni surtout sa propre existence. Si nous ne voulons pas supposer un premier être éternel, la matière ne peut donc jamais commencer d'exister. Si nous disons éternelle, la matière destituée de mouvement, le mouvement n'a jamais commencé. Si nous supposons la matière et le mouvement seuls existants et seuls éternels — la pensée n'a pas pu commencer. S'il y eut un temps sans connaissance, la connaissance n'a jamais existé. La création par Dieu est donc seule compréhensible (1).

Passons maintenant à la preuve par attribution suréminente. Pour Locke, « par l'idée que nous avons des esprits et de Dieu, il paraît encore que c'est par l'essence nominale que nous distinguons les espèces (2) ».

L'essence réelle nous échappe. Nous trouvons la même conception chez saint Thomas : « Si l'intelligence, dit-il, admise à la vision de l'essence divine, voulait exprimer par un nom l'idée créée qu'elle se fait de la chose vue par elle, il lui faudrait user de plusieurs

---

1. Ce passage est un résumé de tout le chapitre X du livre IV de l'« Essai » intitulé de *l'Existence de Dieu*.
2. *Essai*, liv. III, chap. VI, § 11.

noms, parce qu'il est impossible que toute la perfection divine soit contenue ou représentée dans le concept d'une intelligence créée (1) ».

Ainsi l'idée même la plus parfaite que nous aurons de Dieu ne sera qu'une attribution des mêmes idées simples qui nous sont venues en réfléchissant sur ce que nous trouvons en nous-mêmes, et dont nous concevons que la possession nous communique plus de perfection que nous n'en aurions si nous en étions privés. — L'idée de Dieu n'est autre chose qu'une attribution de nos idées simples, — à cet Être suprême en un degré illimité. Mettre en Dieu à un degré infini toutes les perfections qui sont dans le monde et dans les hommes, tel est le principe de l'attribution suréminente du Pseudo-Denys (2), grâce à cette méthode, la théologie de Locke, tout en faisant appel à l'Écriture, met ainsi au premier plan la connaissance de la nature. — Cette méthode qui remonte jusqu'à Plotin a comme point de départ, un principe énoncé par Pseudo-Denys : — la recherche des noms divins. Elle parvient jusqu'à Locke par la tradition médiévale représentée surtout dans trois intermédiaires principaux : saint Thomas, Guillaume d'Occam et Raymond de Sebonde.

C'est avec Occam que Locke offre le plus de ressemblance sur cette question théologique. « L'homme, dit Guillaume d'Occam, ne peut connaître ici-bas, ni la divine essence, ni la divine quiddité, ni quoi que ce soit de la réalité de Dieu. La loi de la nature est

---

1. Saint Thomas, I *Sent.*, dist. II, qu. I, a. 3.
2. Voir toute une série de formules exprimant cette idée de Locke. *Essais*, liv. II, ch. XXIII, § 33 ; liv. III, ch. VI, § 11.

que l'homme ne connaisse rien en soi, si ce n'est ce qu'il connaît par intuition. Or, quand il fait emploi des seules forces de la nature, il ne peut, au moyen de l'intuition, s'élever à la vraie connaissance de Dieu. — On peut exprimer par une dénomination extrinsèque que l'on connaît une chose, quand on connaît immédiatement ce qui, propre à cette chose, peut en tenir la place et la représenter. Le concept n'est pas Dieu lui-même ; donc la connaissance du concept ne fait connaître Dieu ni médiatement, ni immédiatement.

Mais voici la conséquence : « Si Dieu ne peut-être connu de cette façon immédiatement, en lui-même, il peut du moins être connu en autre chose que lui. Ainsi, ne pouvant pas connaître Dieu en lui-même, nous nous servons pour nous le représenter d'un concept qui lui est propre, en attribuant à ce concept tout ce qu'on peut attribuer à Dieu, non comme étant ce concept, mais comme étant Dieu. » (1)

Nous avons examiné jusqu'à présent la preuve par voie de causalité et celle par voie d'attribution suréminente. Il nous reste à exposer la preuve par voie d'exclusion. La théologie de Locke a, en effet, une partie négative à côté d'une partie positive, de même que chez

1. Trad. de B. Hauréau, liv. III, p. 402.
Denominatione extrinseca potest dici aliquid cognosci, ex hoc quod aliud immediate cognoscitur quod est proprium sibi, et hoc stare et supponere pro eo. Et non sequitur conceptus est Deus : ergo per hoc quod conceptus cognoscitur, non cognoscitur Deus nec mediate, nec immediate ; sed sequitur quod propter hoc non cognoscitur immediate et in se, sed in alio potest bene cognosci. Et hoc non est aliud nisi quod non possumus Deum in se cognoscere, utimur pro eo uno conceptu proprio, attribuendo sibi quidquid potest Deo attribui, non pro se, sed pro Deo. Et illum conceptum prædicamus non pro se, sed pro Deo, de omni illo de quo posset Deus ipse in se cognitus prædicaria. » (Guillaume d'Occam, *In prim. Sentent.*, dist. III, quæst. 2).

Plotin et le Pseudo-Denys (1). Nous avons vu jusqu'ici que, pour concevoir la nature de Dieu, nous étendons à l'infini des idées simples que nous recevons par la réflexion : existence, connaissance, puissance, félicité, etc., etc., dont la possession est une perfection. Mais d'autres fois Locke interdit cette analogie particulièrement dans une lettre à Collins écrite quelques semaines avant sa mort, et dans maints passages de son œuvre où Dieu est désigné comme l'Être ineffable, infini, incompréhensible. Ces termes rappellent ceux par lesquels le Pseudo-Denys parle de l'essence divine : « Nous ne la posons ni ne l'ôtons, nous ne la nions, ni ne l'affirmons, d'autant que cette cause universelle et unique de toutes choses est par dessus toute affirmation, comme aussi est au-dessus de toute négation celui qui est distinct de toutes choses et surpasse infiniment toutes choses » (2).

Mais quelle que soit l'importance accordée par Locke à la théologie négative, il se montre de la même opinion que Henri de Gand ; tout en avouant que Dieu est incompréhensible — comme Être infini, il reconnaît que nous pouvons toujours affirmer son existence, car l'être est l'attribut essentiel de Dieu.

Après avoir suivi la démonstration de l'existence de Dieu par Locke, et aperçu la distinction entre la théologie positive et de la théologie négative, voyons quelle est, dans la théologie positive de Locke, la théorie des attributs de Dieu.

1. Les noms divins : — théologie positive : — théologie mystique : — théologie négative.
2. Pseudo-Denys, *Théol. mystique*, fin de chapitre V.

Nous devons d'abord concevoir comme caractéristique de ces attributs : l'infinité.

« Il me semble, dit Locke, que le fini et l'infini sont regardés comme des modes de la quantité et qu'ils ne sont attribués originairement et dans leur première dénomination qu'aux choses qui ont des parties, et qui sont capables du plus ou du moins par l'addition ou la soustraction de la moindre partie. Telles sont les idées de l'espace, de la durée et du nombre dont nous avons parlé dans les chapitres précédents. A la vérité, nous ne pouvons qu'être persuadés que Dieu, cet Être suprême, de qui et par qui sont toutes choses, est inconcevablement infini ; cependant lorsque nous appliquons, dans notre entendement dont les vues sont si faibles et si bornées, notre idée de l'infini à ce premier Être, nous le faisons principalement par rapport à sa durée et à son ubiquité, et plus figurement, à mon avis, par rapport à sa puissance, à sa sagesse, à sa bonté et à ses autres attributs, qui sont effectivement inépuisables et incompréhensibles.

Car, lorsque nous nommons ces attributs infinis, nous n'avons aucune autre idée de cette infinité que celle qui porte l'esprit à faire quelque sorte de réflexion sur le nombre ou l'étendue des actes ou des objets de sa puissance, de la sagesse et de la bonté de Dieu : actes ou objets qui ne peuvent jamais être en si grand nombre que ces attributs ne soient toujours bien au delà quoique nous les multiplions en nous-mêmes avec une infinité de nombres multipliés sans fin (1) ».

1. *Essai* : liv. II, ch. XVII, § 1.

Nous pouvons constater dans ce passage l'influence des doctrines plotiniennes transmises à Locke par le moyen âge.

Locke, comme Plotin, distingue deux notions de l'infini : la première représente l'infini comme étant ce qui n'a point de principe d'individuation au sens thomiste du mot ; l'autre l'ἄπειρόν, désigne la perfection illimitée des attributs divins.

C'est le point de départ de la théologie négative. — Ainsi, dans cette dernière conception, nier la limite en Dieu — c'est affirmer la réalité sans restriction. Dire de Dieu qu'il n'est pas substance infinie, dire qu'il n'est pas la vie — veut dire qu'il est la vie suprême. — « Comme si le marbre, dit une comparaison du Pseudo-Denys, comme si le marbre, renfermait des statues innées, la main de l'artiste n'aurait qu'à enlever ce qui les cache et dévoilerait ses beautés cachées en ôtant ce qui n'est pas à elles (1). »

Nous voyons quelle part importante Locke donne à cette conception de l'infini appliqué aux perfections divines dans ses doctrines théologiques. Il se trouve être ainsi un continuateur indirect de Plotin (2) et du Pseudo-Denys. Les termes d'Être inconcevablement infini, d'absolument infini, de perfection infinie, d'Être infini et incompréhensible reviennent à chaque instant sous la plume de Locke. Mais nous avons dit que l'idée de l'infinité pouvait s'appliquer en Dieu à l'ubiquité,

---

1. Cité par Pétan, *Théol. dogm.*, liv. I, ch. V.
2. Dans son *Esquisse*, dans ses *Essais* et dans ses cours, M. Fr. Picavet a montré cette continuation du plotinisme médiéval au XVIIᵉ siècle, et par quels intermédiaires Plotin avait été connu à cette époque et aux siècles précédents.

l'unité au temps et à la puissance. Prenons à part chacun de ces attributs.

Nous savons que pour Locke l'expansion n'est pas bornée par la matière, non plus que la durée n'est bornée par le mouvement. Quant à la première question, nous pouvons dire que la division arbitraire des êtres en corps et esprit ne prouve point que l'espace et le corps soient la même chose (1). Nous pouvons aussi bien affirmer que l'étendue du corps est distincte de l'étendue de l'espace. L'espace peut, en effet, très bien se concevoir sans matière : il y a du vide entre les corps et au delà. Car, de deux choses l'une : ou le corps est infini ou l'espace n'est pas le corps. S'il n'y avait pas de vide, un homme, que Dieu aurait placé à l'extrémité des êtres corporels, ne pourrait étendre sa main au delà de son corps (2).

Mais c'est surtout par un raisonnement théologique que Locke arrive à prouver l'existence du vide : Dieu étant tout puissant peut annihiler de la matière. Nier le vide serait donc nier en Dieu la puissance d'annihiler aucune partie de la matière (3) ; les corps se maintiendraient autour du corps annihilé en un parfait repos, « comme une muraille de diamant. »

C'est donner un peu trop à la matière que de dire qu'il n'y a rien là où il n'y a point de corps. Cet espace sans corps n'est point imaginaire ; c'est quelque chose de Dieu, *something belonging to the being of*

1. *Essai :* liv. II, ch. XIII, § 16.
2. Stuart Mill se servira plus tard de cet exemple.
3. *Essai :* liv. II, ch. XIII, § 22.

the deity (1). L'immensité divine en est constituée.

Locke se rattache étroitement par cette théorie aux doctrines plotiniennes du moyen âge. Il offre de grandes ressemblances avec saint Jean Damascène qui oppose à l'étendue visible l'ubiquité spirituelle de Dieu (2). En outre, comme les grands philosophes médiévaux, entre autres saint Thomas et Duns Scot, et aussi comme Spinoza, Malebranche et Berkeley, Locke part pour appuyer sa théorie du commentaire plotinien (3) sur la parole de saint Paul (4). « C'est en lui qui nous avons la vie, le mouvement et l'être (5). »

Dans ce commentaire s'est conservé par tradition la distinction plotinienne entre l'étendue sensible et l'étendue intelligible, c'est-à-dire l'idée de l'étendue ; « outre le lien corporel, dit saint Jean Damascène, il y a aussi un lien spirituel, c'est celui où est conçue et où agit une nature intelligible et incorporelle. Dieu étant immatériel et incirconscrit n'est pas dans le lien.

« ὁ μὲν οὖν θεὸς ἄϋλος ὢν καὶ ἀπερίγραπτος, ἐν τόπῳ οὐκ ἔστιν. » « Il est à lui-même son propre lien, remplissant tout, étant au-dessus de tout et contenant tout ».

Locke conçoit de cette façon l'espace infini comme attribut divin. — C'est ainsi l'idée d'infinité envisagée à l'espace comme dans la durée, que Locke admet comme attribut de Dieu. Il conçoit que (6) « l'espace infini est

---

1. D'après un fragment de Locke, — 1677.
2. Saint Jean Damascène, *Orthod. fid.*, lib. I, chap. III.
3. V. M. Fr. Picavet, *Esquisse*, chap. V. — *Essais*, chapitre sur l'Éducation hellénique de saint Paul.
4. Saint Paul, acte XVII, verset 28.
5. Locke cite aussi la parole de Salomon (*Psaumes*). « Les cieux et les cieux des cieux ne peuvent se contenir. »
6. *Essai*, liv. II, chap. XVII, § 20.

occupé par l'infinie omniprésence de Dieu, tout de même que la durée infinie est occupée par l'existence éternelle de cet être suprême (1). »

Locke donne son adhésion à ce système théologique qui cherche avant tout à sauvegarder la toute puissance divine (2).

Locke se refuse, ainsi que Roger Bacon, à concevoir l'éternité autrement que comme « succession » — on ne peut l'imaginer comme un *punctum stans* (3).

Pour Locke, le temps (division de la durée par rapport aux objets réels) est à la durée (infinie ou éternelle) ce que le lieu (position d'un corps par rapport à d'autres est à l'expansion. Ce sont autant de portions de ces deux infinis — éternité ou d'immensité. Le temps est limité et mesuré par les mouvements des corps célestes (4).

Locke se range à l'opinion de saint Augustin : il faut distinguer de l'éternité de Dieu, la durée éternelle des esprits finis, l'*a parte ante* et l'*a parte post* de l'éternité.

Il faut séparer notre notion de la durée intelligible, de l'éternité divine, de celle de la durée créée, de l'*aevum* (5).

Locke, comme saint Augustin, insiste sur cette distinction si importante théologiquement (6). En effet, si

1. Cf. Henri de Gand : « L'Unité étant la vraie réalité, l'éternité est la vraie vie de cette unité. (*Summa*, art. XXX, qu. I).
2. *Essai*, liv. II, chap. XV, § 2-3 et suiv.
3. Locke's, *Essay*, liv. II, chap. XVII, § 16. — R. Bacon, *Opus tertium*, chap. LI.
4. *Essay*, liv. II, chap. XIV.
5. *Eternitas creata*, dit R. Bacon, *Op. tert.*, p. 189.
6. *Essai*, liv. II, chap. XV, § 12.

le monde a été créé dans le temps, si le monde a commencé, la matière n'est pas éternelle.

C'est la thèse de saint Augustin, de saint Anselme et de Spinoza : l'éternité absolue (c'est-à-dire *a parte ante* et *a parte post*) (1) est un attribut divin.

L'éternité *a parte ante*, c'est la durée infinie actuellement écoulée ; l'autre l'éternité *a parte post*, c'est la suite infinie des siècles à venir. Les théologiens, précédemment cités attribuent à Dieu seul, les deux éternités, la seconde seulement aux esprits finis.

Locke offre sur cette question de l'infinité, de la durée et de l'espace de grandes ressemblances avec Origène. Origène conçoit Dieu comme transcendant par rapport à la durée et par rapport à l'espace. Il réfute avec rigueur ceux qui, de son temps, lui attribuaient une présence locale au ciel — Τῶν νομιζόντων αὐτὸν εἶναι τοπικῶς ἐν οὐρανοῖς. (2)

Il défend contre les attaques de Celse la conception d'un Dieu élevé au-dessus des cieux, — τὸν ὑπερουράνιον θεόν. (3) Mais, s'il n'est jamais dans le lieu, Dieu n'en est pas moins présent partout; et c'est pour cela qu'il ne peut être question pour lui, ni d'aller là où il ne serait pas encore, ni de cesser d'être là où il était auparavant : nonne ubique est Deus? Nonne ipse dixit : Cælum et terram repleo. » (4)

C'est en lui que nous vivons, que nous nous mouvons et que nous existons. (Act. XVII, v. 28).

Ou, comme Origène a dit lui-même, (Scr. XXIII, 23),

---

1. *Essai*, liv. II, chap. XVII, § 10.
2. Origène, *De Oratine*, n° 23. t. XI, col. 487.
3. Origène, *Contra Celse*, liv. VI, n° 19, col. 1317.
4. Origène, *In Gen. homil.*, liv. XII, n° 2, t. XII, col. 226.

« il est avec nous et près de nous, μεθ' ἡμῶν καὶ πλησίον ἡμῶν τυγχάνοντος. (1) Dieu est donc pour Origène, à la fois transcendant et immanent. Immanent, non pas à la manière stoïcienne, comme un esprit diffus à travers le monde, ni comme un corps qui renfermerait d'autres corps, mais comme puissance divine qui contient tout ce qui dépend d'elle (2).

Si nous revenons maintenant à l'exposition précédente des idées de Locke, nous comprendrons mieux ses théories. Pour lui, la durée comme l'expansion est réelle : elles sont renfermées l'une dans l'autre, et il est presque aussi difficile de concevoir quelque existence sans expansion, que sans durée, quoique les rapports des esprits à l'espace soient inconnaissables. Locke critique à ce propos la proposition scolastique que les esprits ne sont pas *in loco, sed ubi* (3). En résumé, pour Locke, — nous pouvons seulement concevoir comme attributs de Dieu l'espace et la durée envisagées sous l'aspect de l'infinité.

Nous pouvons de même considérer en Dieu la puissance. Locke paraît sur cette question avoir été au courant des discussions entre scotistes et thomistes sur le primat de l'intelligence. Il semble même se ranger du côté de ceux qui mettent en Dieu l'intelligence antérieure à la volonté tels que Plotin, Alexandre de Halès, saint Thomas et Spinoza. Pour Locke, en effet, Dieu lui-même ne saurait choisir ce qui n'est pas bon et la

---

1. Origène, *Contra Celse*, liv. IV, n° 5 ; liv. V, n° 12, t. XI, col. 1033-1200.
2. Origène, *Contra Celse*. liv. VI, n° 71, col. 1405.
3. *Essai*, liv. II, chap. XXIII, § 21.

liberté de cet être tout puissant ne l'empêche pas d'être déterminé par le meilleur.—« Dieu lui-même est soumis à la nécessité d'être heureux : et plus un être intelligent est dans une telle nécessité, plus il approche d'une perfection et d'une félicité infinies » (1).

On peut comparer à ce passage le texte suivant d'Alexandre de Halès : — « On peut dire que Dieu a créé les choses par une nécessité de bonté, mais il n'est pas convenable de dire qu'il les a créées par une nécessité de nature. Assurément la bonté et la nature de Dieu sont une seule et même chose ; si cependant on disait qu'il agit par nécessité de nature, on semblerait dire qu'il est soumis à la même nécessité que les choses naturelles » (2).

On retrouverait facilement chez Avicenne, saint Thomas et Spinoza des propositions analogues.

Une fois entendu le sens que nous devons donner à la notion de la liberté divine chez Locke, nous voyons quelle part primordiale Locke peut attribuer en Dieu à la toute puissance. Il en arrive parfois à des propositions comme celle de savoir si Dieu n'a point donné à quelques amas de matière la puissance de penser (3). Il parle même ailleurs, de façon très curieuse, de la métempsycose (4). L'ordre de choses serait tel si Dieu l'avait jugé meilleur, et nous ne pouvons connaître par la raison s'il n'en est pas ainsi. La révélation seule peut nous guider sur cette question de l'immortalité. Locke

---

1. *Essai*, liv. II, ch. XXI, § 50.
2. A. de Halès, *Summa part.* I, quæst V, n° 2.
3. *Essai*, liv. IV, ch. III, § 6.
4. *Ibid.*, liv. II, ch. XXVII, § 27.

est ici du même avis que Duns Scot, Guillaume d'Occam, Gabriel Biel, Pomponace et Zabarella.

Ainsi toute la morale est pour Locke, suspendue à l'idée de Dieu : une fois admise l'existence de Dieu, toute la morale s'en déduit logiquement — l'immatérialité et l'immortalité de l'âme ne sont pas admises comme postulat — sans doute, nous savons que, selon la révélation, — « les hommes seront appelés à rendre compte de leur conduite et recevront selon ce qu'ils auront fait dans ce corps (1). »

Mais Locke interprète ce texte avec un optimisme profond. En effet, nous savons que Locke conteste comme nous l'avons vu au début de ce chapitre, le concours immédiat de Dieu avec les causes créées. Dieu, d'après lui, n'opère que par l'entremise des facultés qu'il a disposées et qu'il entretient dans la créature ; Locke se rencontre sur ce point avec Durand de Saint-Pourçain, pour dire que Dieu « n'est la cause des actions du libre arbitre qu'en tant seulement que le libre arbitre est créé et conservé par lui » (2).

Or, nous avons vu comment Dieu était déterminé par le meilleur. C'est en vertu de sa nécessité de bonté que Dieu a mis ainsi une liaison inséparable entre la vertu et la félicité humaine. « Dieu, dit Locke, a attaché différents degrés de plaisir et de peine à toutes les choses qui nous environnent et qui agissent sur nous, et voici pourquoi il les a joints ensemble dans la

---

1. *Rom.* XIV, 4. Cité en *Essai*, liv. IV, § 16.
2. Durand de Saint-Pourçain : *Comment. des Sentences*, lib. dist. XXXVII, qu. 1. — Locke, *Essai*, liv. II, ch. XXI.

plupart des choses qui frappent notre esprit et nos sens. C'est afin que, trouvant dans tous les plaisirs que les créatures peuvent nous donner, quelque amertume, une satisfaction imparfaite et éloignée d'une entière félicité, nous soyons portés à rechercher notre bonheur dans la possession de celui en qui il y a un rassasiement de joie et à la droite duquel il y a des plaisirs pour toujours (1). »

Nous reconnaissons dans ce passage des tendances mystiques qui présentent beaucoup de ressemblance avec celles de Plotin, chez les anciens ; chez les chrétiens avec celles de saint Augustin et plus près de Locke, avec celles de Marsile Ficin.

La conclusion de l'optimisme de Locke, c'est que Dieu nous a donné en cette vie les facultés nécessaires pour gagner la félicité éternelle, c'est-à-dire la contemplation de Dieu. Mais nous en pouvons faire un mauvais usage. Pourtant, même en ce cas, au lieu de nous punir, Dieu peut encore nous juger comme un père indulgent : « Les hommes, dit Locke, sont entre les mains d'un Créateur fidèle, d'un Père plein de bonté qui ne dispose pas de ses créatures suivant les bornes étroites de nos pensées ou de nos opinions particulières (2). »

Ainsi, les conceptions de Locke sur la substance, sur l'existence, l'essence et les attributs de Dieu aboutissent à l'optimisme.

Cette conclusion est conséquente avec les principes d'où elle découle. La notion que Locke se fait de Dieu

---

1. *Essai*, liv. II, ch. XXI, § 55.
2. *Ibid.*, liv. IV, ch. XVI.

en tant qu'Être tout-puissant, le sens qu'il donne à la liberté divine devaient l'amener à admettre que le monde, s'il n'est pas, comme le dira Leibnitz, « le meilleur des mondes possibles », se trouve du moins proportionné à la fin que la volonté divine lui a assignée. Locke se rencontre dans cette conclusion avec les théologiens commentateurs indirects de Plotin au moyen âge ; par exemple saint Augustin, Alexandre de Halés, saint Thomas, Durand de Saint-Pourçain et Guillaume d'Occam.

Quant au principe sur lequel est fondé cet optimisme, à savoir que Dieu s'il est infini en étendue et en durée, l'est en même temps en puissance ; c'est le principe plotinien sur lequel s'appuie la plus grande partie des théories théologiques au moyen âge : la conception de l'infini, comme étant d'une part ce qui n'a point de principe d'individuation (au sens thomiste du mot), comme étant d'autre part l'ἄπειρον, c'est-à-dire la perfection illimitée des attributs divins.

CHAPITRE VIII

L'Angélologie de Locke.

Rapport de la Raison et de la Révélation chez saint Thomas et chez Locke. — La Révélation est pour Locke la seule source de notre connaissance des esprits séparés. — Mais on peut arriver à avoir quelques idées approximatives de ces esprits par un raisonnement analogique. — En quoi consiste cette sorte de raisonnement sur la question de l'existence des anges. — Locke et Bonnet de Genève : *l'Échelle des Êtres.* — Locke est tout à fait d'accord avec Plotin dont il a pu connaître les doctrines par Marsile Ficin, Cudworth et saint Augustin. — Les Idées de Locke sur l'adaptation des organes des sens aux besoins de l'individu. — Transposition de ces conceptions dans l'hypothèse d'une adaptation du corps à des fins voulues par des êtres supérieurs aux hommes. — Comparaison avec Montaigne et Fénelon. — Exposé des doctrines d'Origène, de saint Jean Damascène, de Robert de Lincoln, de Roger Bacon, de saint Thomas, de Duns Scot et de Suarez sur l'existence, la nature et le mode de connaissance des anges. — Identité des points principaux de ces doctrines avec celles de Locke. — Le Roman d'Ibn Tofaïl et l'œuvre de Locke. — Conclusion.

« Si la raison, propose saint Thomas, si la raison démontre que Dieu est l'intelligence infinie, l'absolue vérité, l'absolue véracité, il est évident que nous devons croire à l'existence de vérités qui dépassent la portée de notre entendement. Comme notre entendement n'est pas la mesure de tout ce qui est vrai, il peut y avoir des vérités supérieures à la raison, mais que l'autorité de Dieu impose à notre foi. Malgré tous nos efforts pour connaître, il y a en effet une limite à notre connaissance et nous demeurons toujours même relativement aux principes des choses les plus manifestes comme la chauve-souris devant la clarté du jour » (1).

Nous avons vu dans un précédent chapitre (2) que Locke se range sur cette question de la révélation et des bornes de la raison à l'opinion de saint Thomas. D'après Locke, il faut en effet écouter la révélation dans des matières où la raison ne saurait juger, ou sur lesquelles elle ne peut porter que des jugements probables (3). On ne saurait, d'autre part nier, que Dieu ne puisse illuminer l'entendement par un rayon qui vient immédiatement de cette source de lumière (4).

Par conséquent Locke, comme Henri de Gand, pense qu'il est par exemple impossible pour l'homme de concevoir les choses purement immatérielles, à moins d'une illumination particulière de Dieu. La révélation est donc la seule source de notre connaissance des substances séparées, des anges, nous ne devons espérer d'en savoir que ce que la révélation nous en enseigne (5). « Ainsi, qu'une partie des anges se soient rebellés contre Dieu, et qu'à cause de cela ils aient été privés du bonheur de leur premier état... et que tous les esprits intelligents que Dieu ait jamais créés continuent

1. Saint Thomas, *Contra Gent*. lib. I, c. II.
2. *Raison et Révélation*.
3. *Essai*, liv. IV, ch. XVIII, § 9.
4. *Ibid.*, liv. IV, ch. XIX, § 5.
5. *Ibid.*, liv. IV, ch. XII, § 12.

encore d'exister, ces choses et autres semblables étant au delà de ce que la raison peut découvrir, sont purement des matières de foi avec lesquelles la raison n'a rien à voir directement (1). »

Or, tantôt Locke dit que si nous pouvons connaître et démontrer l'existence de Dieu et lui attribuer des perfections infinies, il nous est au contraire impossible de connaître l'existence des esprits, leur nature et leur façon de communiquer les uns avec les autres (2); tantôt il est d'un avis tout différent ; il affirme que nous ne sommes pas seulement autorisés par la révélation, mais *par plusieurs autres raisons* à croire avec assurance à l'existesce des anges (3). Ces raisons nous sont données par l'analogie. On sait en effet que, pour Locke, dans les choses qu'on ne peut découvrir par les sens, l'analogie est la grande règle de la probabilité. — Pour lui, comme pour saint Thomas, — « il y a un utile emploi de la raison pour faire mieux saisir les choses de la foi dans des analogies et des exemples tirés des choses naturelles (4). »

Et, même en dehors de toute révélation, c'est l'analogie qui peut nous amener à conjecturer l'existence des anges : — « Ainsi, trouvant que dans toutes les parties de la création, qui peuvent être le sujet des observations humaines, il y a une connexion graduelle de l'une à l'autre, sans aucun vide considérable ou visible

1. *Essai*, liv. IV, ch. XVIII, § 7.
2. *Ibid.*, liv. IV, ch. XVIII, § 6.
3. *Ibid.*, liv. IV, ch. XI, § 12.
4. Saint Thomas, in *Boet. de Trinit.*, qu. 2 à 3.

entre deux, parmi toute cette grande diversité de choses que nous voyons dans le monde, qui sont si étroitement liées ensemble, qu'en divers rangs d'êtres, il n'est pas facile de découvrir les bornes qui séparent les uns des autres, nous avons tout sujet de penser que les choses s'élèvent aussi vers la perfection peu à peu, et par des degrés insensibles...

Lors donc que nous observons une telle gradation insensible entre les parties de la création depuis l'homme jusqu'aux parties les plus basses qui sont au-dessous de lui, la règle de l'analogie peut nous conduire à regarder comme probable qu'il y a une pareille gradation dans les choses qui sont au-dessus de nous et hors de la sphère de nos observations, et qu'il y a par conséquent différents ordres d'êtres intelligents qui sont plus excellents que nous par différents degrés de perfection en s'élevant vers la perfection absolue (1). »

Locke parle donc de la connaissance de l'existence et de la nature des anges de deux manières. D'une part, il l'admet comme une certitude par la révélation ; il parlera ainsi, même dans *l'Essai*, de la création des anges avant la création du monde dans le temps (2). D'autre part, abandonnant presque entièrement le terrain de la révélation, il considère comme des probabilités les conclusions où peut nous amener la raison par l'emploi de l'analogie. Dans *le Christianisme raisonnable*, Locke interprète la parole révélée ; dans *l'Esssai sur l'entendement humain*, il fait surtout usage de l'observation des phénomènes des procédés de

1. *Essai*, liv. IV, ch. XVI, § 12.
1. *Ibid.*, liv. II, ch. XIV, § 30.

recherche scientifique et il est intéressant de noter que, s'occupant accidentellement suivant cette dernière méthode de la question théologique des anges, il arrive ainsi par le raisonnement à admettre les mêmes conclusions qu'en interprétant les données de la révélation. C'est ce point que nous nous proposons d'étudier maintenant, à propos de l'Angélologie.

Mais, tout d'abord, revenons au texte de Locke précédemment cité à propos de l'analogie. Nous y avons vu paraître une conception qui ira en se précisant pour Locke au cours de son ouvrage. On y trouve tout d'abord une idée très nette de l'évolution depuis la matière insensible jusqu'aux facultés intellectuelles de l'homme.

Mais Locke ne se contente pas de cette évolution du monde sensible; une fois qu'il arrive au terme, c'est-à-dire à l'homme, il émet par analogie une hypothèse qui prolonge cette évolution depuis l'homme jusqu'à la divine perfection et qui admet toute une hiérarchie angélique entre les deux termes extrêmes.

Nous reconnaissons dans cette doctrine la distinction de Plotin entre le monde sensible (depuis le non être jusqu'à l'âme universelle) et le monde intelligible (depuis l'âme universelle jusqu'à l'Un, en passant par l'Intelligence, en y comprenant les âmes et les intelligences particulières).

Cette sorte d'évolution immense ou plutôt de procession ou de conversion simultanées qui est la base du système de Plotin se retrouve donc chez Locke comme un peu plus tard chez Bonnet, le naturaliste de Genève, dans son échelle des êtres (1).

Elle conçoit non seulement un perfectionnement progressif pour les formes vivantes, mais étend la conception évolutionniste dans le monde de la matière aussi bien que dans le monde moral.

« Il me semble, dit Locke en un autre passage, qu'on peut conclure probablement, de ce que, dans tout le monde visible et corporel, nous ne remarquons aucun vide, qu'il devrait y avoir plus d'espèces de natures intelligentes au-dessus de nous qu'il n'y en a de sensibles et de matérielles au-dessous. En effet, en allant de nous jusqu'aux choses les plus basses, c'est une descente qui se fait par de fort petits degrés, et par une suite continuée de choses qui, dans chaque éloignement, diffèrent fort peu l'une de l'autre. Il y a des poissons qui ont des ailes et auxquels l'air n'est pas étranger... Les amphibies tiennent également le milieu entre les bêtes terrestres et les aquatiques,... et il y a une si grande proximité entre les animaux et les végétaux, que si vous prenez le plus imparfait de l'un et le plus parfait de l'autre, à peine remarquerez-vous aucune différence considérable entre eux. Et ainsi, jusqu'à ce que nous arrivions aux plus basses et moins organisées parties de matière, nous trouverons partout que les différentes espèces sont liées ensemble et ne diffèrent que par des degrés presque insensibles... Et nous avons

---

1. Voir sur cette doctrine l'Esquisse d'une hist. gén. et comparée des *Philosophies médiévales* de M. Fr. Picavet, chap. V. (*Les Vrais maîtres des Philosophes médiévaux*).

sujet de penser que c'est une chose conforme à la somptueuse harmonie de l'univers et au grand dessein aussi bien qu'à la bonté infinie de son souverain architecte, que les différentes espèces de créatures s'élèvent aussi peu à peu depuis nous vers son infinie perfection, comme nous voyons qu'ils vont depuis nous en descendant par des degrés presque insensibles. Et cela une fois admis comme probable, nous avons des raisons de nous persuader qu'il y a beaucoup plus d'espèces de créatures au-dessus de nous qu'il n'y en a au-dessous ; parce que nous sommes beaucoup plus éloignés en degré de perfection de l'Être infini de Dieu que du plus bas état de l'Être et de ce qui approche le plus près du néant (1). »

Bornons-nous à comparer à ces passages extraits de Locke, un des nombreux passages où Plotin émet une idée tout à fait analogue. Il est d'une grande probabilité que Locke a connu ces idées au moins par les philosophes médiévaux, peut-être par Marsile Ficin, du moins, par Montaigne et Cudworth (2).

« Dans l'univers, la vie ressemble à une ligne immense dont chaque être occupe un point engendrant l'être qui le suit et dans lequel il passe sans s'absorber (3). »

Si nous examinons à présent les exceptions émises par Locke à propos de la hiérarchie des êtres, nous constatons que s'y trouve formulée une idée précise de

---

1. *Essai*, liv. III, ch. VI, § 12.
2. Marsile Ficin : Sa doctrine a été exposée par M. Fr. Picavet, dans son cours de philosophie médiévale à la Sorbonne (1914-1915).
3. Plotin, *Ennéades*, v. liv. II, 11ᵉ dans l'ordre chronologique.

l'adaptation des organes aux conditions du milieu. Mais souvenons-nous que Locke quitte ici le terrain de l'expérience et qu'il s'avance dans la région des probabilités. Rappelons-nous qu'il traite de questions théologiques. « Nous avons, hasarde-t-il, quelque sujet de croire que les esprits peuvent s'unir à des corps de différentes grosseur, figure et conformation des parties.

Cela étant, je ne sais si l'un des grands avantages que quelques-uns de ces esprits ont sur nous, ne consiste point en ce qu'ils peuvent se former et se façonner à eux-mêmes des organes de sensation ou de perception qui conviennent justement à leur présent dessein, et aux circonstances de l'objet qu'ils veulent examiner(1). »

Ainsi ce serait un grand avantage pour un esprit que cette adaptation du corps au gré de sa volonté. Au contraire les facultés humaines sont proportionnées à leur rôle dans ce monde. Locke est ici d'accord avec Plotin et tous les psychologues grecs dans leur principe directeur : le semblable connaît le semblable (2). « Bien que nous ne puissions, continue Locke, nous empêcher de reconnaître que Dieu, qui est infiniment puissant et infiniment sage, peut faire des créatures qu'il enrichisse de mille facultés et manières d'apercevoir les *choses extérieures*, que nous n'avons pas ; cependant nous ne saurions imaginer d'autres facultés que celles que nous trouvons en nous-mêmes, tant il nous est impossible

---

1. *Essai*, liv. II, chap. XXIII, § 13 (Conjectures touchant les esprits).
2. Cf. Fénelon, *Traité de l'existence de Dieu*, passage sur l'adaptation de la vue (V. *Esquisse*, de M. Fr. Picavet, ch. III et V).

d'étendre nos conjectures mêmes au delà des idées qui nous viennent par la sensation et par la réflexion. Il ne faut pas, du moins, de ce qu'on suppose que les anges s'unissent quelquefois à des corps, nous surprenne, puisqu'il semble que quelques-uns *des plus anciens et des plus savants pères de l'Église* ont cru, que les anges avaient des corps » (1).

Nous avons cité ce texte en entier parce qu'il est des plus curieux. Il nous montre en effet d'abord que Locke connaît des pères de l'Église. Il nous indique ensuite que Locke devait être au courant de cette théorie médiévale exposée entre autres par saint Augustin et saint Thomas, que les anges sont unis à l'intelligence divine et connaissent les choses non en elles-mêmes, mais dans leur cause exemplaire. Locke a senti le besoin de transformer cette théorie par suite de l'avancement des connaissances scientifiques. Pour lui les anges peuvent connaître les choses extérieurement, en elles-mêmes, non par les idées divines, mais par des instincts spéciaux et des organes supérieurs adaptés à l'objet à connaître. Origène, puis Duns Scot au moyen âge avaient du reste déjà énoncé une théorie semblable. Pour Duns Scot « rien n'empêche l'ange de tirer sa connaissance des objets qui sont en dehors de lui-même des corps et objets singuliers. Il n'en dépend point pour cela » (2).

Mais, naturellement, nous ne pouvons nous faire une idée d'instincts de sens et d'organes que nous ne possédons point.

1. *Essai*, liv. II, ch. XXIII, § 13.
2. Duns Scot, *II Sent.*, dist. III, qu, XI, n° 439.

Telle est l'hypothèse conçue par Locke sur l'évolution des formes vivantes, au-dessus de nous comme au-dessous. Passons maintenant à l'exposition de la même théorie évolutionniste appliquée à la matière.

Locke trouve que ce n'est pas une chose indigne de notre recherche de voir si la puissance active est l'attribut propre des esprits et si la puissance passive est celui des corps. D'après lui, l'on en pourrait conjecturer que « les esprits créés, étant actifs et passifs, ne sont pas totalement séparés de la matière. Car l'esprit pur, c'est-à-dire Dieu » (cette appellation d'esprit pur s'est toujours, depuis Plotin, transmise dans les écoles). « Dieu étant seulement actif et la pure matière simplement passive, on peut croire que ces autres êtres, qui sont actifs et passifs tout ensemble, participent de l'un et de l'autre (1). »

Cette conception vient se compléter en un autre endroit par cette proposition que « les esprits créés sont entre la matière et Dieu » (2). Il résulte de ce texte et du précédent que Locke suppose, sans vouloir l'affirmer d'une façon formelle, qu'il peut exister un grand nombre de degrés entre la matière entièrement passive et l'esprit pur. Ces degrés intermédiaires sont les esprits créés.

Or, comme Locke admet que ces esprits ne sont pas de purs esprits, mais participent en quelque façon plus ou moins de la matière, on peut voir dans cette hypothèse une preuve que Locke n'était pas sans connaître la

1. *Essai*, liv. II. ch. XXIII, § 29.
2. *Ibid.*, liv. II, ch. XXI, § 2.

théorie du médiateur plastique de Cudworth et peut-être la conception médiévale de la *materia spiritualis* propre à l'âme humaine et aux anges (1). Il semble du moins y faire allusion dans les passages précédemment cités.

Ces passages de Locke offrent du reste la plus grande ressemblance pour les idées émises, avec certains passages d'Origène.

Nulle part, en effet, Origène n'admet d'une manière formelle le dogme des esprits sans corps : il ne conçoit les êtres en dehors de Dieu, les esprits finis, qu'en relation avec la matière, c'est-à-dire enveloppés dans un corps. L'âme, indivisible et incorporelle de sa nature, ne peut exister dans aucun lieu corporel sans avoir besoin d'un corps approprié à la nature de ce lieu (cf. Locke, *supra*, à propos de l'adaptation corporelle des anges). Il y a une harmonie nécessaire entre l'organisation du corps et les conditions physiques de la région où il est appelé à vivre. Toute la théorie d'Origène (2) sur le perfectionnement des êtres repose sur l'atténuation progressive des corps, à mesure que l'amour de Dieu s'accroît dans les âmes. Il semble donc que la matière se subtilise de plus en plus, à mesure que la vie s'élève à un degré supérieur.

1. Cf. Roger Bacon, fragment cité *in British Historical Review*, juillet 1897, p. 513 : « Nam totum vulgus graviter errat imponendo materiam esse unam numero in omnibus rebus tam spiritualibus quam corporalibus : quod una et eadem materia sit in me et in asino et lapide et in angels et in singulis rebus... Voir aussi *Opus tertium*. On peut voir dans Bouillet (trad. des *Ennéades* de Plotin), le rapport de cette doctrine à celle de Plotin.

2. Locke avait très probablement lu les œuvres d'Origène dont des éditions partielles avaient paru à Rome en 1481, à Venise en 1503, à Cambridge, en 1658-1668. Une édition complète, à Paris en 1512 (Opera omnia latine, ex variis antig. interpretationibus edita, studio Jac Merlini, curen Emil. Paroy). Parisiis, J. Parvus, 1512, 4 tomes en 2 vol. in-fol.

La matière est ainsi susceptible de toutes les transformations ; aussi quand elle est destinée aux esprits les plus imparfaits, elle se solidifie et s'épaissit au point de former les divers corps de ce monde visible. Est-elle mise au service des intelligences supérieures, elle brille de l'éclat des corps célestes et sert de vêtement aux anges de Dieu et aux fils de la résurrection. Et de ce mélange résulte la merveilleuse variété de l'univers. « Légère, subtile, lumineuse à l'origine, la matière s'est peu à peu appesantie, condensée, obscurcie, à mesure qu'elle devait servir d'enveloppe à des êtres plus déchus. — Par un mouvement contraire, à mesure que nous nous rapprocherons de notre premier état, elle reprendra ses qualités primordiales qui en font l'enveloppe nécessaire, mais non la prison et la geôle des esprits... Il n'y a jamais d'anéantissement à proprement parler, comme il n'y a de création véritable que celle qui se perd dans les profondeurs de l'éternité (1). »

Le perfectionnement par évolution, que nous venons de voir esquissé dans le monde de la matière, nous le trouvons également dans le monde opposé : celui des intelligences.

Nous avons vu plus haut comment il est probable que les anges peuvent s'adapter à des corps proportionnés à certains buts poursuivis. Il se peut ainsi qu'il existe des instincts, des sens et des organes totalement différents de tout ce que nous pourrions jamais imaginer.

Locke fait mention de Montaigne (2), pour défendre

---

1. D'après *le Periarchon*, t. II.
2. *Essai*, liv. II, ch. II, § 3.

cette conception. Mais il ne tente qu'une fois une hypothèse sur les facultés possibles des anges ; à propos de la mémoire extraordinaire de Pascal, il conçoit des intelligences qui n'oublieraient rien : tels les « esprits glorieux (1). »

Ainsi, tandis que nous pouvons connaître et démontrer l'existence de Dieu, lui attribuer des perfections infinies, il nous est impossible de connaître la nature des esprits, et leur façon de communiquer les uns avec les autres — demeure pour nous tout à fait incompréhensible (2).

Cette idée semble être une réminiscence de saint Jean Damascène : « Les anges sont des lumières secondes intelligentes qui reçoivent leur illumination de la Lumière première qui n'a pas de commencement. Ils n'ont besoin ni de langue, ni d'oreilles, mais ils se communiquent leurs pensées et leurs volitions sans proférer de paroles (3). »

Si cette communication des anges entre eux, si l'illumination des anges les uns par les autres selon la doctrine de Robert de Lincoln et de Roger Bacon (4), nous échappent, néanmoins nous pouvons avoir une idée de leur mode de connaissance ; puisqu'il ne nous est pas étranger ; cette connaissance — c'est l'intuition sans raisonnement. Nous aussi, nous connaissons certaines choses de cette façon. Mais l'intuition des anges, au lieu de n'être que fragmentaire comme la nôtre, s'étend à

---

1. *Essai*, liv. II, ch. II, § 3.
2. *Ibid.*, liv. II, ch. XXIII, § 36.
3. Saint Jean Damascène, *De fide orthod.*, liv. II, p. 3.
4. V. Hauréau, *l'Histoire de la phil. scol.*, liv. II, p. 180 et suiv.

tout (1). Elle provient d'une illumination divine. Locke est d'accord sur ces différents points avec saint Thomas, Duns Scot et Suarez. Il se rencontre également avec Duns Scot quand il soutient que les anges et les esprits glorieux sont, comme la divinité, déterminés par le Bien (2).

Locke n'admet pas d'une manière explicite comme saint Jean Damascène, que les anges diffèrent par l'illumination et le rang. Il semble pourtant avoir une certaine notion de la hiérarchie céleste du Pseudo-Denys et, en plusieurs endroits, il mentionne les chérubins, les séraphins et les différents chœurs d'anges (3).

Il est vrai que cette hiérarchie même est en partie esquissée dans la Bible. Nous pouvons par conséquent nous dire, que nous arrivons ici au point de rencontre des données de la révélation et des données de la raison. *L'Essai sur l'entendement humain* nous a montré comment sur la question théologique des anges, le raisonnement par analogie pouvait nous amener à émettre sur l'existence et la nature des substances séparées des hypothèses que le christianisme raisonnable montre conforme à la vérité révélée.

Dans son roman philosophique intitulé *Hayy ben Yakdhan*, c'est-à-dire le vivant fils du vigilant, le philosophe arabe *Ibn Tofaïl* (4) nous fournit sur le même sujet une conclusion semblable. Locke a sans doute connu cet ouvrage. Hayy, le héros de l'histoire contée par Ibn

---

1. *Essai*, liv. IV, ch. XVII, § 16.
2. *Ibid.*, liv. II, ch. XXI, § 49.
3. *Ibid.*, liv. III, ch. VI, § 12 ; liv. IV, ch. III, § 17.
4. Voir M. Fr. Picavet, *Esquisse*, chap. VI et VII.

Tofaïl, ayant vécu jusqu'à l'âge de cinquante ans dans une île déserte, est arrivé à s'élever par la pensée seule à la connaissance de la vérité ; il est alors mis en rapport avec un homme, Asâl, qui, au moyen de la religion, est arrivé à des résultats spéculatifs absolument les mêmes.

De même qu'Ibn Tofaïl dans cet ouvrage, Locke a donc pour but, ainsi que nous l'avons vu dans ce chapitre à propos de questions théologiques sur les anges, — de nous montrer l'accord de la raison et de la révélation.

CONCLUSION

Au terme de ce travail, destiné à montrer la persistance des théories philosophiques et théologiques du Moyen Age chez Locke, il nous semble utile de jeter un coup d'œil en arrière sur les idées particulières que nous avons étudiées jusqu'ici afin de distinguer nettement dans une vue générale tous les courants de la pensée médiévale qui se prolongent dans les doctrines de Locke.

Locke, dirons-nous d'abord, se sépare de Descartes par le jugement qu'il porte sur ses prédécesseurs. Descartes ne veut pas savoir s'il y a eu des hommes avant lui. « Il écrit cependant *les Meditationes de prima philosophia in quibus Dei existentia et animæ immortalitas demonstrantur*, où il traite les deux questions capitales pour tous les philosophes médiévaux en disciple de saint Anselme, en continuateur de saint Augustin et de Plotin (1). »

Locke, au contraire, bien éloigné du dédain de Descartes pour les penseurs qui l'ont précédé, les étudie, s'en inspire et les critique souvent. Et encore ses critiques portent moins sur les grandes œuvres elles-mêmes

---

1. Fr. Picavet, *Esquisse*, p. 217.

— que sur certaine scolastique — qui, croyant enseigner une vérité définitivement atteinte, ne fait en réalité que systématiser et mettre en dogmes les opinions de tel ou tel grand philosophe.

Pour réfuter la scolastique elle-même, il était nécessaire pour Locke de bien la connaître. Nous avons démontré, à propos des influences médiévales dans l'éducation de Locke, comment, en effet, Locke avait pu apprécier cette scolastique durant son séjour à l'école de Westminster et à Oxford.

Pourtant à la même époque, — ce n'est pas la seule scolastique que Locke a pu étudier, mais il a connu aussi les Pères de l'Église et les grands philosophes médiévaux tels que saint Augustin, saint Anselme et saint Thomas, Duns Scot et Guillaume d'Occam, Gabriel Biel, Durand de Saint-Pourçain et Buridan.

Il a pu faire ainsi la distinction entre la scolastique et les philosophes médiévaux continuateurs de Platon, d'Aristote, de Plotin et des autres penseurs de l'antiquité. Nous pouvons donc dire à juste raison que loin de dédaigner ses prédécesseurs comme Descartes, il s'en inspire et ne court pas ainsi le risque de vouloir faire connaître à ses contemporains une découverte déjà faite avant lui.

Mais, si Locke a sérieusement approfondi les principaux philosophes du moyen âge, s'il est versé dans la connaissance des grandes doctrines qui ont précédé la science, d'autre part, l'étude des sciences et des découvertes modernes est loin d'avoir été négligée par lui. Il fait dans son œuvre la synthèse des doctrines philosophiques et théologiques de l'époque antérieure avec les principales données de la science du xvii⁰ siècle. On voit par exemple, dans la théorie qu'il donne des qualités primaires et secondaires, que les découvertes modernes en physique reculent l'horizon des doctrines antiques et médiévales, bien que leur point de départ et leur manière de poser la question soient fidèlement conservés par Locke.

Si nous passons de cette question des qualités sensibles à une question théologique, celle des attributs divins, nous pouvons faire une même constatation : c'est que si Locke se montre à chaque page le successeur de Plotin, du Pseudo-Denys, de saint Augustin, de saint Jean Damascène, de saint Anselme, d'Alexandre de Halès, de Roger Bacon et de saint Thomas, — s'il se montre le continuateur de leurs doctrines, il n'oublie pas non plus que depuis le xv⁰ siècle, depuis les découvertes de Copernic, de Képler, de Galilée et des autres savants, la question même des attributs de Dieu ne pourra plus se séparer des théories sur l'infini de l'espace et de la durée.

Locke, Clarke et Newton nous montrent à ce sujet dans leurs discussions ces nouveaux horizons de la théologie, sans cependant pour cela perdre de vue les anciens.

Il n'y a pas, du reste, que les sciences physiques et astronomiques qui enrichissent au xvii⁰ siècle les données des questions philosophiques et théologiques ; les sciences naturelles viennent également y apporter leur appoint, comme il est possible de le montrer dans la doctrine sensationiste de Locke.

Ainsi, deux sources fournissent à Locke les matériaux nécessaires à l'édification de sa doctrine : les œuvres de ses prédécesseurs d'une part et de l'autre les découvertes de la science contemporaine.

Le bien qui sert à faire la synthèse de ces deux parties — c'est la méthode cartésienne qui a exercé sur Locke une influence considérable. Or, sans vouloir placer Descartes parmi les philosophes médiévaux, nous pouvons dire qu'il en est le disciple direct (1).

Par conséquent Locke, même, lorsqu'il s'inspire de Descartes, hérite ainsi sans qu'il en ait pleine conscience de tout le passé philosophique et théologique du Moyen Age.

Les doctrines de Locke sur les anges font admirablement comprendre la synthèse que nous venons d'indiquer. Les questions sur l'existence, la nature et le mode de connaissance des anges ont, au moyen âge, une grande importance. Locke ne perd pas de vue ces questions et nous voyons ainsi plus distinctement encore que nous n'avions jamais vu, qu'il est vraiment le continuateur d'Origène, de saint Jean Damascène, de Robert de Lincoln, de Roger Bacon de saint Thomas, de Duns Scot et de Suarez.

Mais il ne se contente pas à ce sujet de faire un choix éclectique parmi toutes ces doctrines. Il rassemble d'abord lui-même un certain nombre de données scientifiques sur l'adaptation des organes aux besoins et l'évolution des êtres. Puis, usant d'un raisonnement analogique, il étend la conception des degrés de la vie,

---

1. Fr. Picavet, *Essais*, chapitre sur Descartes.

la conception de l'échelle des êtres non seulement aux degrés au-dessous de l'homme, mais aussi aux degrés au-dessus de lui, remplissant tous les intermédiaires entre l'homme et la perfection absolue.

Cette théorie curieuse déjà esquissée par Plotin prend chez Locke un caractère tout à fait scientifique.

On pourrait multiplier les exemples pour montrer dans la plupart des théories de Locke la part des théories antérieures et celle des sciences modernes. Ce qui constitue l'originalité de Locke c'est qu'il a su faire la synthèse de ces deux sortes de matériaux. Il a rendu ainsi d'immenses services et «nul ouvrage de haute philosophie, si ce n'est *la Critique de la raison pure* n'a exercé une influence ni plus étendue ni plus durable (1).

Dès le début, Locke eut un très grand succès.

Il enthousiasma Voltaire, Condorcet et d'Alembert. Il tomba ensuite dans un demi-oubli et fut violemment pris à partie par de Maistre et Cousin.

Ce qui est certain, c'est que Berkeley et Hume sont inexplicables sans lui et que si Kant fut reveillé par ce dernier de son sommeil dogmatique, l'influence doit en remonter jusqu'à Locke dont le nom est inséparable de celui de Leibnitz.

« Il ne fut pas toujours exactement compris. Condillac, Cousin, Hamilton voient en lui le sensationaliste radical, le partisan de la table rase (c'est-à-dire sans idées innées).

Dugald Stewart, Leslie Stephen, Kuno Fischer, reconnaissent que l'entendement joue chez lui un rôle

1. G. Lyon, *l'Idéalisme en Angleterre.*

supra-empirique. Riehl, enfin, révèle l'élément critique, la tendance idéaliste latente. »

On peut esquisser ainsi l'histoire des doctrines de Locke et de leurs interprétations.

Après avoir recherché les sources médiévales de la philosophie de Locke, il importait de faire ressortir l'originalité de l'œuvre de notre philosophe — et nous nous y sommes efforcé dans ces quelques pages. — Ces deux recherches avaient l'une contre l'autre l'intérêt signalé par Leibnitz de retrouver dans toute grande œuvre que nous lègue le passé les titres de l'esprit humain.

TABLE DES MATIÈRES

	Pages
BIBLIOGRAPHIE	7
AVANT-PROPOS	13

CHAPITRE PREMIER. — Analyse des œuvres de Locke considérées dans l'ordre chronologique. — Analyse des œuvres de Locke : *Infaillibilis Scripturæ non necessarius.* — *Sacerdos.* — *Essai sur la tolérance.* — *Constitution fondamentale de la colonie.* — Traduction des *Essais* de Nicole. — *Lettre sur la tolérance.* — *Essai sur le gouvernement civil.* — *Essai sur l'entendement humain.* — *Quelques considérations sur la valeur des monnaies.* — *De l'éducation des enfants.* — *Éléments de Philosophie naturelle.* — *Le Christianisme raisonnable.* — *Examen de l'opinion du P. Malebranche.* — *Remarques sur quelques parties des ouvrages de M. Norris.* — *Conduite de l'esprit dans la recherche de la vérité.* — *Questions bibliographiques sur les œuvres de Locke.* — Les objections de Stillingfleet et d'autres théologiens. — *Nouveaux Essais* de Leibnitz. — La défense de Locke contre ses adversaires, par Catherina Cockburn............... 15

CHAPITRE II. — Influences médiévales sur l'éducation de Locke. — Sa vie : de 1632 à 1704. — Son enfance. — Son éducation religieuse. — Influence maternelle. — En 1646, Locke entre à l'école de Westminster. — L'enseignement de cette école. — En 1652, il est à Oxford (Christ-Church-College). — Survivances médiévales dans le programme des études à Oxford. — Philosophes du moyen âge que Locke a pu connaître durant son séjour à Oxford. — Discussions sur la dialectique de Ramus. — Influence d'Owen et du puritanisme. — Latitudinisme. — Lecture de François Bacon, de Descartes et de Gassendi. — Voyage en France (1675-1679). — L'Utopie de Locke. — Polémique contre Descartes. — Influence de Cudworth sur Locke par l'intermédiaire de Lady Masham. — Doctrine de Cudworth. — Locke connaît d'autres néoplatoniciens contemporains. — Évolution des croyances religieuses de Locke : son *credo* écrit en Hollande. — Relations avec les Quakers. — Dernières années de sa vie. — Sa Mort...................... 39

CHAPITRE III. — **Sources de la théorie sensationiste de Locke.** — Historique de la théorie sensationiste dans l'antiquité. — Platon : les organes des sens. — Plaisir et douleur. — Mécanisme et classification des sensations. — Esquisse d'une doctrine de la connaissance. — La Tabula rasa. — Aristote : connaissance sensible et connaissance intellectuelle. — L'Intellect actif et l'intellect passif. — Rôle de la sensation dans la connaissance. — Influence de Démocrite. — Épicure : l'intelligence et ses trois facultés. — Le critérium de la sensation. — Du stoïcisme à Plotin. — Nul intermédiaire entre l'objet et l'organe des sens. — L'imagination suit la sensation. — Imagination sensible et imagination intellectuelle. — Théorie de Proclus et de ses successeurs.

Au moyen-âge : St. Thomas. — Point de départ : nihil est in intellectu quod non fuerit prius in sensu. — Rôle de la sensation. — Les Espèces sensibles. — L'Activité intellectuelle de l'individu ; partie de l'intellect actif universel. — Aegidius Colonna fait la synthèse des idées de St. Thomas sur la sensation et l'intellection. — Exposé de la doctrine sensationiste de Locke. — Sensation. — Réflexion. — La Table rase. — Qualités sensibles. — Plaisir et douleur. — L'Idée de la substance. — Sensation et intuition. — Conclusion : emprunts de Locke à ses prédécesseurs. — Originalité de sa théorie.................................. 59

CHAPITRE IV. — **Les qualités primaires et secondaires chez Locke.** — Exposé de la question. — Historique des solutions qu'y ont apportées les principales doctrines : dans l'antiquité. — Leucippe et Démocrite posent le problème de la même façon que les Éléates. — Ils la résolvent par l'atomisme. — Les Phénomènes correspondant à ce que nous appelons qualités secondaires sont des modifications du sujet sentant. — Ils sont subjectifs ; les seules qualités primaires ont une réalité objective. — Épicure et Lucrèce proposent la même distinction que Démocrite. — Aristote : sa doctrine entre les données sensibles fournies par un seul sens et les données sensibles fournies par plusieurs sens à la fois. — Sensibles propres et sensibles communs. — Origine et exposé de la théorie médiévale des espèces. — Saint Thomas et Duns Scot. — Jean de la Rochelle. — Théorie des intermédiaires entre l'objet et le sens. — Idées de Locke comparées aux deux théories précédentes. — Le Principe d'individuation et la quantité dimensive chez saint Thomas, Galilée, Descartes et Locke. — Exposition détaillée de la doctrine de Locke sur les points principaux de la question des qualités primaires et secondaires. — Résumé des sources médiévales de cette doctrine : Jean de la Rochelle, saint Thomas et Duns Scot. — Ce que Locke a ajouté aux découvertes de ses prédécesseurs médiévaux.................................. 95

CHAPITRE V. — **Le problème des idées générales chez Locke : Influence d'Occam et du nominalisme.** — Le Problème des idées générales au XVIIe siècle. — Survivance des philosophies médiévales. — Le Nominalisme en Angleterre. — Locke a certainement connu Guillaume d'Occam et Gabriel Biel, peut-être Roscelin et Durand de Saint-Pourçain. — Exposition de la théorie nominaliste de Locke. — Comparaison de Locke et de Roscelin. — Exposition détaillée de la doctrine nominaliste de Guillaume d'Occam. — Le Problème de la substance. — Pour Occam la substance n'est qu'un concept de l'entendement sans réalité objective. — Réfutation du réalisme de Duns Scot. — Théorie d'Occam sur la formation des idées générales. — Essences nominales et essences réelles. — Sa doctrine de la connaissance. — Ses idées sur les degrés de l'assentiment. — Comparaison des doctrines d'Occam avec celle de Locke. — Conséquences théologiques du nominalisme d'Occam. — L'Idée de Dieu. — Les Attributs divins. — L'Immatérialité et l'immortalité de l'âme. — Unité de la substance pensante. — Locke accepte en grande partie ces conséquences théologiques. — Conclusion.. 115

CHAPITRE VI. — **Le Christianisme raisonnable de Locke et ses rapports avec les doctrines théologiques du Moyen-Age.** — Trois sortes de propositions d'après Locke : selon la raison ; contraires à la raison ; au-dessus de la raison. — Cette dernière espèce de proposition nous parvient par la révélation. — Doctrine sur les rapports de la Raison et de la Révélation de la lumière naturelle et de l'Écriture sainte. — Distinction entre la foi et l'enthousiasme. — Cette doctrine se trouve déjà en majeure partie chez saint Augustin et Roger Bacon. — Le péché originel d'après Locke. — Les Idées sur le Salut, l'Incarnation et la Rédemption. — Interprétation de l'Ecriture sainte. — En quoi consiste *le Christianisme raisonnable.* — Autorité accordée à saint Paul. — Locke et le traité théologico-politique de Spinoza. — Interprétation de la doctrine de saint Paul. — Le Salut et la Rédemption. — Comparaison avec saint Augustin et Roger Bacon. — Même doctrine de la Rédemption chez Abélard et chez Locke. — Conclusion : Locke continuateur des théologiens médiévaux qui font appel à l'idée de perfection.................. 141

CHAPITRE VII. — **Les Conceptions théologiques de Locke : Influence du plotinisme médiéval.** — Position de Locke à l'égard des questions théologiques. — Influence de Sextus Empiricus, de Nicolas de Cusa et de Descartes. — Comment on peut reconstituer les doctrines théologiques de Locke. — L'Idée de Dieu est selon Locke une vérité éternelle. — La Conception scotiste de la substance critiquée par Locke. — Locke continuateur du Plotinisme dans sa réfutation du panthéisme. — Origine de l'idée de Dieu : trois théories en présence : celle de Plotin, Scot Erigène et saint Anselme ; celle de Robert de Lincoln, Roger Bacon et saint Thomas ; celle de Raymond de Sebonde et de Locke. — Preuve de l'existence de Dieu d'après Locke ; c'est la preuve cosmologique exposée par saint Thomas par voie de causalité, et que Locke préfère à la preuve ontologique de saint Anselme. — Preuve par voie d'attribution suréminente chez le Pseudo-Denys et chez Locke. — La Question des attributs divins. — Locke fait une grande place à la théologie négative. — Il admet aussi une théologie positive. — L'Attribution suréminente : l'idée d'infinité appliquée en Dieu à la durée, à l'espace et à la puissance. — Éternité, ubiquité et toute-puissance divines. — Origine médiévale de toutes ces doctrines chez le Pseudo-Denys, Origène, saint Augustin, saint Jean Damascène, saint Anselme et Roger Bacon. — Conception de la toute-puissance divine. — L'Intelligence est en Dieu antérieure à la volonté. — Comparaison avec Plotin, Alexandre de Halès, saint Thomas et Spinoza. — Optimisme de Locke comparé à celui de Plotin, de saint Augustin, de Guillaume d'Occam et de Marsile Ficin. — Conclusion.. 159

CHAPITRE VIII. — L'Angélologie de Locke. — Rapport de la Raison et de la Révélation chez saint Thomas et chez Locke. — La Révélation est pour Locke la seule source de notre connaissance des esprits séparés. — Mais on peut arriver à avoir quelques idées approximatives de ces esprits par un raisonnement analogique. — En quoi consiste cette sorte de raisonnement sur la question de l'existence des anges. — Locke et Bonnet de Genève : *l'Échelle des Êtres*. — Locke est tout à fait d'accord avec Plotin dont il a pu connaître les doctrines par Marsile Ficin, Cudworth et saint Augustin. — Les Idées de Locke sur l'adaptation des organes des sens aux besoins de l'individu. — Transposition de ces conceptions dans l'hypothèse d'une adaptation du corps à des fins voulues par des êtres supérieurs aux hommes. — Comparaison avec Montaigne et Fénelon. — Exposé des **doctrines**

d'Origène, de saint Jean Damascène, de Robert de Lincoln, de Roger Bacon, de saint Thomas, de Duns Scot et de Suarez sur l'existence, la nature et le mode de connaissance des anges. — Identité des points principaux de ces doctrines avec celles de Locke. — Le Roman d'Ibn Tofaïl et l'œuvre de Locke. — Conclusion.. 185

Conclusion...........................  ... 201

INDEX DES NOMS PROPRES

Abélard, 141, 156, 157.
Aegidius Colonna, 59, 83, 85, 91.
Ailly (Pierre de), 116.
Alembert (d'), 205.
Alexandre d'Aphrodise, 138.
Alexandre de Halès, 159, 179, 180, 183, 203.
Anselme (saint), 159, 165, 167, 178, 201, 202, 203.
Aristote, 7, 42, 48, 59, 60, 65, 68, 69, 70, 73, 80, 81, 83, 84, 91, 92, 93, 95, 98, 99, 100, 101, 102, 163, 202.
Arnauld (A.), 121, 135.
Ashley (Lord), 20, 33.
Atterbury, 34.
Augustin (saint), 46, 83, 141, 142, 143, 144, 157, 161, 177, 178, 182, 183, 185, 193, 201, 202, 203
Avicenne, 180.

Bacon (François), 39, 47.
Bacon (Roger), 141, 142, 144, 156, 157, 159, 165, 177, 185, 195, 197, 203, 204.
Bastide (Ch.), 7.
Bayle (Pierre), 7, 52.
Bernier (Thomas), 35.
Berkley, 176, 205,
Biddle (Jean), 149.
Biel (Gabriel), 46, 115, 116, 117, 138, 166, 181, 202.
Birsch (Thomas), 7, 51.
Boileau, 48.
Bonnet (Charles), 185, 190.
Bouillet, 195.

Bouillier (Fr.), 7, 47.
Bourquart, 7.
Boyle (Robert), 49.
Brochard (F.), 7, 60.
Broughton, 34.
Buridan (Jean), 41, 46, 202.
Burnet (Thomas), 35.

Cacheux, 7.
Campbell-Fraser, 8, 13.
Caroll (M.), 34.
Carle, 7.
Chapelle, 48.
Charles Ier, 44.
Charles II, 19, 33, 44.
Chevalier (Ulysse), 8,
Cicéron, 42, 73.
Clarke (Edouard), 28, 203.
Cockburn (Cathérina), 13, 37.
Collins (Anthony), 7, 57, 172.
Condillac, 116, 205.
Condorcet, 205.
Copernic, 203,
Coste, 25, 28, 112, 146.
Cousin (V.), 205.
Cromwell, 43.
Cudworth (R.), 39, 50, 51, 52, 53, 185, 191, 195.

Cusa (Nicolas de), 159, 161.
Damascène (saint Jean), 159, 161, 176, 185, 197, 198, 203, 204.
Damascius, 79.
Démocrite, 59, 67, 95, 96, 97, 98, 100, 104.
Denys l'Aréopagite, 168.
Descartes, 36, 39, 47, 50, 51,

95, 106, 107, 108, 112, 159, 165, 197, 201, 204.
Diogène Laërte, 8, 71.
Dugald Stewart, 205.
Duns Scot (Jean), 46, 95, 102, 108, 112, 113, 115, 124, 125, 135, 161, 163, 176, 181, 185, 193, 198, 202, 204.
Durand de Saint-Pourçain, 115, 116, 118, 181, 183, 202.

Epicure, 59, 60, 71, 72, 73, 91, 92, 95, 98, 99.
Ermoni (V.), 8.

Falckenberg (R.), 8.
Fénelon, 185, 192.
Ferraz, 8.
Ficin (Marsile), 159, 182, 185, 191.
Fischer (Kuno), 205.
Fox Bourne (H.-R.), 8, 13, 17, 20, 27, 33, 41.
Franck (Ad.), 8.

Galilée, 95, 107, 203.
Gassendi, 39, 48, 50, 71.
Glanville, 54, 161.
Guillaume III, d'Orange, 24, 31, 45.

Hamilton, 205.
Hartenstein (G.), 8.
Hauréau (B.), 8, 103, 106, 124, 126, 128, 129, 135, 136, 171, 197.
Henri de Gand, 172, 177, 186.
Herbert de Cherbury, 54.
Hertling (Geo), 8.
Hœffding, 8.
Holdsworth (Dr), 37.
Hume, 205.

Jacques II, 24.
Janet (Paul), 8.
Janet et Séailles, 8.
Jourdain (Ch.), 8.

Kant (Em.), 92, 205.
Képler, 203.
King (Lord), 8, 13, 18, 19, 20, 33, 34, 54.

Laboulaye (Ed.), 9.
Lafaist (Benjamin), 9, 96.
Leclère (Albert), 9.
Le Clerc (J.), 8, 16, 27, 33, 52.
Lee (Henri), 34, 35, 36.
Legrand (Antoine), 47.
Leibnitz, 13, 17, 19, 36, 37, 39, 116, 183, 205, 206.
Leslie Stephen, 205.
Leucippe, 95, 96.
Lévêque (Ch.), 98.
Lichtenberger (F.), 9.
Limborch (Philippe van), 22, 33.
Locke, 13, 17, 19, 20, 21, 22, 23, 24, 25, 26, 27, 28, 30, 31, 32, 33, 34, 35, 36, 37, 39, 40, 41, 42, 43, 44, 45, 46, 47, 48, 49, 50, 51, 52, 53, 54, 55, 56, 57, 59, 60, 73, 80, 84, 85, 86, 87, 88, 89, 90, 91, 92, 93, 95, 96, 104, 105, 106, 107, 108, 109, 112, 113, 115, 116, 117, 118, 119, 120, 123, 125, 127, 129, 132, 133, 135, 137, 138, 139, 141, 142, 144, 145, 146, 147, 148, 149, 151, 153, 156, 157, 159, 160, 161, 162, 163, 164, 165, 166, 167, 168, 169, 170, 171, 172, 173, 174, 175, 176, 177, 179, 180, 181, 182, 183, 185, 186, 187, 188, 189, 190, 191, 192, 193, 194, 195, 196, 197, 198, 199, 201, 202, 203, 204, 205, 206.
Lowde (Richard), 34.
Lucrèce, 73, 95, 98, 99.
Luguet (H.), 9.
Lulle (Raymond), 165.
Lyon (G.), 9, 205.

Mabilleau (Léopold), 9.
Maistre (de), 205.
Malebranche, 13, 17, 31, 39, 121, 160, 176.
Marion (Henri), 9, 13, 40, 41, 48.
Marinus, 79.
Masham (Lady), 9, 30, 39, 50, 51, 52, 57.
Mignon (A.), 9.
Mill (Stuart), 175.

Molière, 48.
Molyneux (M.), 35.
Montaigne, 185, 191, 196.
Morus (Thomas), 49.

Newton, 203.
Nicole, 13, 16, 21.
Norris, 13, 17, 32, 35.
Nourrisson, 9.
Occam (Guillaume), 41, 42, 46, 115, 116, 117, 118, 121, 122, 123, 124, 125, 126, 127, 128, 129, 131, 132, 133, 134, 135, 137, 138, 159, 161, 170, 181, 183, 202.
Ollion (H.), 9, 33.
Olympiodore, 79.
Origène, 159, 161, 178, 179, 185, 192, 195, 204.
Owen, 41, 44, 45.

Paley, (Wil.), 10.
Pascal, 39, 197.
Paul (saint), 17, 33, 141, 153, 154, 155, 156, 157, 176.
Picavet (Fr.), 9, 11, 13, 46, 74, 113, 116, 160, 174, 176, 190, 191, 192, 198, 201, 204.
Platon, 9, 49, 59, 60, 61, 62, 63, 64, 65, 69, 83, 91, 107, 124, 202.
Plotin, 9, 59, 60, 73, 74, 76, 77, 78, 91, 159, 164, 170, 172, 174, 179, 181, 183, 185, 189, 191, 194, 195, 201, 202, 203, 205.
Pluzanski (E.), 10.
Pomponace, 138, 181.
Prat (F.), 10.
Proclus, 59, 78, 79, 91, 92, 93.
Pseudo-Denys, 159, 161, 170, 172, 174, 198, 203.

Ramus, 39, 42, 43.
Remusat (Ch. de), 10, 46, 47, 153, 161.
Renouvier, 10, 60.
Riehl (Aloïse), 206.
Ritter, 10, 41, 60.
Robert (E. de), 10
Robert de Lincoln, 159, 165, 185, 197, 204.
Rochelle (Jean de la), 95, 102,
104, 108, 112, 113.
Roscelin, 115, 116, 121.
Rousseau, 24.
Rousselot, 10.

Sabatier, 10, 155.
Scholten, 10.
Scot Erigène, 159, 161, 165.
Sebonde (Raymond de), 143, 159, 161, 165, 168, 170.
Sextus Empiricus, 159, 161.
Shaftesbury (comte de), 17, 19.
Shaftesbury (Lady), 21.
Sherlock (W. Dr), 34.
Sidney (Philippe), 43.
Simon (Jules), 10.
Simplicius, 79.
Socrate, 124.
Spinoza, 35, 116, 141, 153, 154, 176, 178, 179, 180.
Stillingfleet (Edward), 13, 31, 32, 35.
Stoeckl, 10.
Suarez, 185, 198, 204.
Sydenham, 16, 21.

Tabaraud, 10.
Taillandier (Saint René), 10, 165.
Taine (H.), 10.
Temple (Guillaume), 43.
Thomas (saint), 46, 59, 80, 81, 82, 83, 84, 91, 93, 95, 101, 102, 104, 105, 106, 107, 108, 112, 113, 125, 157, 159, 165, 168, 169, 176, 179, 180, 183, 184, 185, 186, 187, 193, 198, 202, 203, 204.
Tofaïl-Ibn, 56, 185, 198, 199.
Toland (John), 31.
Touron (A.), 11.
Toynard (Nicolas), 21, 48, 50, 51.

Valla (Laurent), 42.
Voltaire, 11, 205.

Waddington, 11, 68.
Wats (Isaac), 11.
Weber (A.), 11.
Windelband, 11.

Zabarella, 138, 181.
Zeller (Ed.), 11, 60, 96.

Imp. Jouve et Cie, 15, rue Racine, Paris. — 2895-15

www.ingramcontent.com/pod-product-compliance
Lightning Source LLC
Chambersburg PA
CBHW051858160426
43198CB00012B/1659